Deichmann
L'Arronge
Brahm
Reinhardt
Hilpert

Alfred Dreifuss

Deutsches Theater Berlin

Schumannstraße 13 a

Fünf Kapitel aus der Geschichte
einer Schauspielbühne

Henschelverlag Berlin
1987

Für Edith

ISBN 3-362-00109-2

© Henschelverlag
Kunst und Gesellschaft
DDR — Berlin 1983

Inhalt

Die Ära Reinhardt
1905–1932

Zehn Jahre unter Heinz Hilpert
1934–1944

Anhang

Vorwort

Bereits im Jahre 1928, als der damalige Doktorand und spätere Theaterleiter Kurt Raeck seine Dissertation über das Deutsche Theater unter Adolph L'Arronge[1] vorlegte, wurde auf die Tatsache verwiesen, daß bis zu diesem Zeitpunkt in der theaterwissenschaftlichen Literatur keine zusammenfassende Geschichte des Deutschen Theaters zu Berlin zu finden sei. Damals war diese Bühne immerhin 45 Jahre alt. Zwar ließ Adolph L'Arronge, Mitbegründer und späterer Direktor dieses Unternehmens, in seinem 1891 erschienenen Buch »Deutsches Theater und Deutsche Schauspielkunst« seine direktorialen Erfahrungen einfließen; auch gab 1909 der einstige Regisseur und Theaterdirektor Paul Legband in seinem Büchlein »Das Deutsche Theater in Berlin«[2] durch die Feder verschiedener Autoren Kunde über das Profil dieser Bühne, die damals im vierten Direktionsjahr von Max Reinhardt stand. Aber dann — und die Jahreszahl 1909 sei wiederholt — trat in der Geschichtsschreibung dieses Hauses eine unschöpferische Pause ein. Nicht daß es, und dies besonders nach dem grundlegenden Artikel »Das Deutsche Theater in Berlin« von Julius Hart (1899/1900)[3], an Zeitungsartikeln, Broschüren und kleineren Einzelpublikationen gemangelt hätte — man erinnere sich beispielsweise der schmalbrüstigen Festschrift anläßlich des 70jährigen Jubiläums des Hauses in der Schumannstraße 13a im Jahre 1953. Aber erst das Jahr 1957 brachte den Theaterfreunden wieder einen umfassenderen Überblick über diese Schauspielbühne: »Deutsches Theater. Bericht über 10 Jahre«[4]. Doch auch dieses Buch bringt — neben vielen, heute noch lesenswerten Einzelanalysen der Theaterarbeit aus den Jahren 1945 bis 1955 — nur einen Nachdruck des knappen Abrisses aus der Feder Herbert Jherings von 1953. Ansonsten werden vornehmlich die Produktionen aus der kurzen Intendanzperiode Gustav von Wangenheims und ein Teil der Wirkungszeit von Wolfgang Langhoff abgehandelt.

Bleibt festzustellen: Außer den vorgenannten Werken existiert in deutscher Sprache keine zusammenfassende Darstellung dieses

weltberühmten Schauspieltheaters. Nachforschungen in fremd-
sprachigen Literaturen blieben ergebnislos; man findet nur die
bereits erwähnten Titel vor. Die Frage aufwerfen, wieso dies der
Fall ist, heißt auch schon, auf diese Frage Antwort geben: Bis zum
Machtantritt des Nationalsozialismus im Jahre 1933 war für alle
Welt der Begriff Deutsches Theater mit der Person Max Reinhardts verbunden. Und dies unbeschadet dessen, ob er selbst im
eigenen Hause war oder ob ein Sommerspielzeit-Stellvertreter
(und deren gab es etliche), ein Unterpächter oder gar für einige
Jahre der treue Mitarbeiter Felix Hollaender auf dem Direktions-
sessel saß. Die Literatur über Max Reinhardt aber ist, um einen
Theaterausdruck zu verwenden, »abendfüllend«. Das heißt, all
das, was über den Schauspieler, Regisseur, Theaterdirektor und
Privatmann Reinhardt in vielen Weltsprachen auf den Buchmarkt
kam und immer noch kommt, ist enorm. Einzeldarstellungen
über seine Schauspieler, Bühnenbildner, Musiker, Regisseure,
Dramaturgen, über seine Gastspielreisen mit dem Ensemble des
Deutschen Theaters gibt es in Hülle und Fülle. Nur wenigen
Männern des Theaters wurde je eine solche Publizität zuteil. Mit
Erstaunen stellt man dann allerdings fest, daß diese Publikations-
tions-Opulenz bei Reinhardts großem Vorgänger Otto Brahm
nicht anzutreffen ist.

Hier wird der Versuch unternommen, aus der Geschichte
zweier Theatergebäude und von dem, was sich in ihnen abspielte,
zu berichten. Der Stoff ist umfangreich, er umfaßt den Zeitraum
von 1848 bis zum Jahre 1944. Das bedeutet im Klartext: die Epoche des Theaters bürgerlicher Prägung, ehe dann ab 1945 resp.
1949 auf unserem Boden ein qualitativ neues, auf sozialistischer
Grundhaltung basierendes Theaterwesen sich entwickeln konnte.

Festgehalten sei sofort: Bevor der Name Deutsches Theater in
Erscheinung trat und bevor Adolph L'Arronge oder Otto Brahm
(von Max Reinhardt ganz zu schweigen) als Männer der deutschen Theatergeschichte genannt wurden, hat man auf dem
Grundstückskomplex in der Schumannstraße, wie wir ihn heute
noch nahezu unverändert kennen, in Spielstätten unterschiedli-
cher Natur sowohl der Tragödie als auch der Komödie den fälligen Tribut gezollt. Gewiß, das Jahr 1983 bedeutet ein rundes
Theaterjahrhundert; aber schon der Schweizer Kulturphilosoph

und Kunsthistoriker Jacob Burckhardt[5] verwies einst auf den Umstand, daß Dinge, die wir zuweilen als Primate betrachten, des öfteren bereits zweite, ja dritte Entwicklungsphasen darstellen. So auch in unserem Fall. Adolph L'Arronge zog in ein bereits vorhandenes Theatergebäude ein; sicher, er baute an und um, aber er hatte kein neues Haus zu errichten. Er übernahm das bereits vorhandene Friedrich-Wilhelmstädtische Theater. Über dieses für die Berliner Theatergeschichte so wichtige Unternehmen, dessen Bedeutung bereits Gottfried Keller in seiner ganzen Tiefe erkannte, muß, da das bisher nur ungenügend geschah, ausführlich gesprochen werden.

Der Autor zählt sich aufgrund seiner beruflichen Herkunft zu den Theaterpraktikern; er ist »des trocknen Tons nun satt«, in dem heutzutage Theatergeschichte mitunter dargeboten wird. Bei aller Faktenstimmigkeit, die als selbstverständlich vorauszusetzen ist — ein theaterwissenschaftliches Seminar wird nicht abgehalten, Wertungen und apodiktische Behauptungen sind, wo nicht unbedingt erforderlich, ausgespart. Das Theater — mitunter wird das vergessen — ist immer noch eine Sache der Poesie in vielfältiger Gestaltung. Ein Hauch von Poesie soll auch in diesem Buch zu spüren sein.

A. D.

Das Friedrich-Wilhelmstädtische Theater
1848—1883

»Inzwischen ist es immerhin schon ein bedeutendes Schauspiel,
die Bevölkerung einer so pfiffigen Weltstadt, wie Berlin, vor der Bühne
versammelt und dem mutwilligen Schauspieler (. . .)
eifrigst lauschen und zujubeln zu sehen.«

Gottfried Keller (1850)

Friedrich=Wilhelmstädtisches Theater.

Friedrich-Wilhelmstädtisches Theater in Berlin.

Fünf Straßen nördlich der Spree

Man kann über die Weidendammer Brücke gehen und links den Schiffbauerdamm entlangspazieren. Aber der einfachste Weg, in diese fünf Straßen zu gelangen, ist die Benutzung des hinteren Ausgangs vom Bahnhof Friedrichstraße. Man gelangt sofort in die Albrechtstraße, stößt linker Hand auf die Marienstraße, welche in die ehemalige Luisenstraße mündet. Dann wäre noch die einstige Karlstraße zu nennen. Hat man diese überquert, befindet man sich in der Schumannstraße.

Die hier angeführten Straßennamen gibt beziehungsweise gab es seit dem Jahre 1827. Wer waren die Persönlichkeiten, deren Namen zum Teil heute noch auf den Straßenschildern prangen? Beginnen wir mit Albrecht. Er war ein Prinz von Preußen im Rang eines Generaloberst und lebte von 1809 bis 1872. Die Marienstraße heißt nach der Gemahlin des Prinzen Karl von Preußen; sie war eine geborene Marie von Sachsen-Weimar und lebte von 1808 bis 1877. Gehen wir diese Straße entlang, stoßen wir auf das Haus der »Möwe«, den Zentralen Klub der Gewerkschaft Kunst. »Möwe« — dieses Wort schafft Assoziationen zu Tschechow, zum Silbervogel auf dem Vorhang des Moskauer Künstlertheaters und weckt die Erinnerung daran, daß es sowjetische Kulturoffiziere[1] waren, die kurz nach Ende des zweiten Weltkrieges dieses Haus, einst Stadtpalais der Fürsten von Bülow, zu einer Stätte der Begegnung für die Berliner Künstler und darüber hinaus für die Künstlerschaft der ehemaligen sowjetischen Besatzungszone machten. Heute, da unsere Deutsche Demokratische Republik schon fast vierzig Jahre besteht, floriert dieser Klub wie eh und je. Jedoch zur Zeit der »Möwe«-Gründung hieß diese Straße noch Luisenstraße, nach jener Prinzessin Luise von Mecklenburg-Strelitz, die, vermählt mit dem Preußenkönig Friedrich Wilhelm III., als Königin Luise geschichtsnotorisch bekannt wurde. Diese Straße trägt heute den Namen des verdienstvollen Kommunisten und Arbeiterführers Hermann Matern. Dann die einstige Karlstraße. Sie wurde benannt nach dem Sohne Friedrich Wilhelms III., der von 1818 bis 1863 lebte. Bekannt ist von ihm, daß er 1853 Herrenmeister des Johanniterordens wurde und 1854 zum Generalfeldzeugmeister und Chef der Artillerie avancierte. Diese »Verdienste« erschienen dem Magistrat von Berlin aber nicht ausreichend genug, als daß deren in alle Ewigkeit gedacht werden müßte: Am 16. Juni 1946 wurden die Straßenschilder mit der Aufschrift Karlstraße entfernt, neue wurden angebracht. Sie tragen seitdem den Namen eines Mannes, der nur wenige Schritte weiter, in der Schumannstraße, für die Kultur der Deutschen mehr getan hat als jener Prinz und dessen Name (im Gegensatz zu dem Namen des rechtens vergessenen Artillerie-Chefs) der Welt heute noch viel bedeutet: Max Reinhardt. Hier sei jedoch die Frage erlaubt: Wieso nur Reinhardtstraße? Zeitgenössische Fotos weisen aus, daß an jenem 16. Juni die Schilder auf »Max-Reinhardt-Straße« lauteten. Wo ist der Max geblieben?

Die Schumannstraße: Von keinem Adeligen und keinem Ange-

Der ehemalige sowjetische Kulturoffizier Mosjakow,
Mitbegründer der »Möwe«, im Gespräch mit dem Autor, 1980;
im Hintergrund Curt Trepte

Die Schumannstraße vor der Jahrhundertwende

hörigen eines Königshauses ist hier die Rede. Ein Bürgersmann war es, der nunmehr für die Berliner Stadtgeschichte von Bedeutung wurde. Im Jahre 1823 baute ein gewisser Schumann, dessen Vornamen zu nennen nicht möglich ist, weil er durch die gesamte Berlin-Literatur[2], ja auch durch die Adreßbücher jener Zeit immer nur als »Seifensieder Schumann« geistert — 1823 also baute in der Gegend zwischen Charité, Tierarzneischule und Schiffbauerdamm der »Seifensieder Schumann« die ersten Häuser. Die Friedrich-Wilhelm-Stadt entstand. Damals verlief die Stadtmauer quer über das heutige Charité-Gelände. Erst 1836 wurde die Luisenstraße bis zum heutigen Robert-Koch-Platz weitergeführt. Als Abschluß wurde nach Schinkels Entwurf das Neue Tor gebaut.

Die Friedrich-Wilhelm-Stadt

Das Viertel wuchs schnell. Seine Bewohner besaßen allerdings nicht den besten Ruf. Die hier lebenden Kleinbürger, meist Handwerker, Händler und Hausbesitzer, betrieben sehr eifrig ein blühendes Gewerbe: das Vermieten von Zimmern. Diese Gegend wurde in überaus starkem Maße von jungen Medizinern bevölkert, die eben ihre Examina machten. So wie das Quartier Latin in Paris, bildete jene Gegend Berlins ein Bohème- und Studentendomizil. Und ob Examen bestanden oder nicht, ob frühes oder spätes Semester, hier war man eo ipso der Herr Doktor. Und diese Herren Doktoren mit den meist dazugehörigen Damen, in Eintracht mit den recht geschäftstüchtigen Zimmervermieterinnen, den Huren, Luden und Kneipenbrüdern, sie waren ein Teil dieser Gegend. Den anderen Teil bildeten Arbeiter, die bei der Hamburger oder Stettiner Eisenbahn, in den Maschinenfabriken von Egells, Wöhlert, Pflug und bei Borsig dicht vor dem Oranienburger Tor beschäftigt waren. Diese Arbeiterschaft trug dazu bei, daß die Revolution von 1848/49 hier eine ihrer Stützen fand, ja, sich hier so eigentlich entwickeln konnte. Von hier aus nah-

Altberliner Destillation. Originalzeichnung von L. Löffler.
(Aus: Über Land und Meer, 1866)

Die Schmiede in Borsigs Maschinenbauanstalt
(Aus: Illustrierte Zeitung, 1848)

men die Barrikadenkämpfe ihren Ausgang; sie drangen über das
Viertel hinaus bis zum Alexanderplatz vor, wo um das dort gelegene Königstädtische Theater Kampfhandlungen stattfanden,
bei denen auch (wie die Fama zu berichten weiß) Gewehre, Pisto-
len und Säbel aus der Requisitenkammer dieser Bühne Verwen-
dung gefunden haben sollen.

> Das ist noch lang die Freiheit nicht,
> Wenn man, statt mit Patronen,
> Mit keiner andern Waffe ficht,
> Als mit Petitionen!
> Du lieber Gott: — Petitioniert!
> Parlamentiert, illuminiert!
>   Pulver ist schwarz,
>   Blut ist rot,
>   Golden flackert die Flamme!

Dieser Vers aus dem Gedicht »Die Freiheit ist die Republik« von
Ferdinand Freiligrath kennzeichnet die politische Situation um

1848. Friedrich Wilhelm IV. glaubte, wenn er der einen oder anderen Petition, die aus den Reihen einer revolutionär-demokratischen Bewegung an ihn gerichtet wurde, zuweilen auch Gehör schenkte, seinem Volke (er sprach nur von »seinem« Volke) damit Genüge zu tun. In Wirklichkeit verstand er dieses Volk nicht. Bekannt ist, daß er im Jahre 1830 dem sächsischen König anläßlich der Dresdner Unruhen den Rat gab, die »Canaille« niederzuwerfen, sich mit dem »Gesindel« nicht einzulassen. Aus dieser Gesinnung heraus gab er seinem Sohn, dem Thronfolger Prinz Wilhelm, den Befehl, die revolutionäre Bewegung mit Gewalt zu unterdrücken. Wir wissen um die 300 Märzgefallenen, denen der König unter dem Druck der Bevölkerung barhäuptig die letzte Ehre erweisen mußte. Und wir wissen auch, daß jener »Kartät-

Zeitgenössische Darstellung der Barrikadenkämpfe 1848
(Aus: Das Jahr 1848, Verlag der Gebrüder Jäniche, 1849)

Berlin, am 18.-19. März.
Vertheidigung der Barrikade an der neuen Königsstrasse.

Das merkwürdige Jahr 1848. ___ Eine neue Bilderzeitung.

Europäische Freiheitskämpfe. viertes Bild.
Bestattung der für die Freiheit gefallenen Kämpfer, den 22. März 1848.

Das sind die gefallenen Freiheitshelden.

Du liegen sie kalt in bekränzten Särgen
Wir wollen sie heut in die Erde bergen.

Ihr Todten, Todten, wie liegt ihr so still?
Ist keiner der sich erheben will?

Zeitgenössische Darstellung von der Aufbahrung der »Märzgefallenen«
(Aus: Neuruppiner Bilderbogen, Verlag G. Kühn)

schenprinz«, der damals nach England floh, im Jahre 1871 zum
deutschen Kaiser gekrönt wurde.

Ein Theater entsteht

Es fing damit an, daß der Zimmermann Friedrich Wilhelm
Deichmann in der Schumannstraße 14 (die Hausnummern verschoben sich im Verlauf der Jahre) unter dem Namen »Friedrich-Wilhelmstädtisches Casino« ein Ballhaus eröffnete. Das
geschah im Jahre 1842. Und mit diesem Jahr setzte auf dem Ge-

In Krolls Garten zu Berlin
(Zeitgenössische Zeitschriften-Illustration)

ländekomplex in der Schumannstraße eine rege Bautätigkeit ein.
Die Konzession für einen Ballbetrieb, eine Sommerbühne oder
ein sonstiges Vergnügungsetablissement zu erhalten, war unter
dem damaligen Polizeipräsidenten von Hinkeldey nicht besonders schwierig. Hauptsache war, der Antragsteller besaß die erforderlichen Geldmittel und war gut beleumundet. Beides traf auf
Deichmann zu.

Mit dem Wort »Casino« verbindet sich zumeist die Vorstellung
von Monokel tragenden Gardeoffizieren, Jeu, Witzen, Pferden
und Weibern. Hier war es anders. Dieses Lokal zeigte ein Dop-
pelgesicht. Vor, während und wahrscheinlich auch noch kurze
Zeit nach der Revolution von 1848 dienten diese Räume, in denen ein biedermännisches Kleinbürgertum, Studenten, brave und
weniger brave Mädchen das Tanzbein schwangen, auch als Ver-
sammlungsraum für politische Veranstaltungen. Hier trafen sich
die Bürgerwehren und die Abgeordneten der Linken, unter denen sich auch der junge Mediziner Rudolf Virchow befand. In
diesen Räumen rumorte der revolutionäre Geist dieses Stadtteils.

Doch in Preußens Hauptstadt marschierte die Reaktion. Die wirtschaftliche Not stieg, und mit ihr entstand ein Heer von Prostituierten, Falschspielern, Taschendieben, Zuhältern — kurzum ein Lumpenproletariat, das sich mehr und mehr zum Träger eines Teiles der Vergnügungsindustrie entwickelte. So auch im »Friedrich-Wilhelmstädtischen Casino«, von dem es in einem zeitgenössischen Bericht hieß, daß dort »Amazonen kokettierten, welche sich aber nicht gleich ihren Schwestern der Antike die Brüste abnahmen, sondern oft falsche ansetzten«[3].

Wer sich heute in der Pause nicht sofort auf die belegten Brötchen stürzt, die das Foyer-Buffet des Deutschen Theaters anbie-

Detail aus dem Foyer des Deutschen Theaters

tet, sondern sich in Ruhe in diesem Raum ergeht, der wird dort auf zwei hohe, hell gestrichene Türen stoßen, die in Reliefarbeit die Signatur FWT zeigen. Sie gehören zu den letzten Zeugen jenes Theaters (auch der Keller des Theaterrestaurants gehört dazu), das der Vorgänger des Deutschen Theaters war und das in der Theatergeschichte Berlins unter dem Namen »Friedrich-Wilhelmstädtisches Theater« eine wesentliche Rolle spielte.

Geleitet wurde es von Friedrich Wilhelm Deichmann jr. (1821—1879), dem Sohn des einstigen Zimmermanns. Er führte zwar diesen höchst ehrenwerten Beruf auch für kurze Zeit aus, erhielt jedoch, da sich bei ihm schon früh musische Neigungen regten, von seinem Vater die Erlaubnis, sich der Kunst des Theaters zu widmen. Er erlernte sowohl den Beruf des Schauspielers als auch den des Sängers, trat an verschiedenen Bühnen als Bariton auf, bis ihn ein Leiden zwang, abzutreten und sich im Casino, das ihm sein Vater inzwischen übereignet hatte, als Regisseur von Possen und Singspielen zu betätigen. Doch seine Pläne waren weitergesteckt. Er wollte aus dem primitiven Casinosaal hinaus; er strebte nach einem richtigen Theatergebäude und wollte nicht zuletzt Theaterdirektor werden.

Am 27. März 1848, also wenige Tage nach dem Ausbruch der Revolution, reichte Deichmann jr. beim Berliner Polizeipräsidenten ein Gesuch um die Erteilung einer Theaterkonzession ein. In diesem Gesuch heißt es unter anderem:

»Ich habe die Absicht, in dem hinter meinem Hause, dem sogn. Friedrich-Wilhelmstädtischen Casino, Schumannstraße 14, gelegenen Garten eine Bühne zu errichten, um während der Sommermonate [. . .] wöchentlich einige Male Vorstellungen im Freien geben zu lassen. Die Vorstellungen [. . .] sollen sich weniger im Gebiete der Kunst bewegen, sondern [es] ist meine Absicht, kleine Lustspiele, Tagesneuigkeiten besprechende Lokalpossen etc. zur Aufführung zu bringen.«[4]

Daß sich die Vorstellungen »weniger im Gebiete der Kunst« bewegen sollten, war eine schlaue Formulierung des künftigen Theaterdirektors. Sie zielte erstens darauf hin, daß er keineswegs beabsichtigte, der »großen Kunst« der Hofbühnen Unter den Linden und am Gendarmenmarkt Konkurrenz zu machen, auch nicht dem Königstädtischen Theater am Alexanderplatz; und

Friedrich Wilhelm Deichmann jr.

zweitens sollte sie dem Polizeipräsidium bekunden, daß es Deichmann darum gehe, der Bevölkerung der Friedrich-Wilhelm-Stadt
Gelegenheit zum Amüsement zu bieten. Doch der Teufel steckt
bekanntlich im Detail, und wir werden sehen, was sich hinter den
»Tagesneuigkeiten besprechenden Lokalpossen« alles verbarg.

Die Konzessionserteilung an Friedrich Wilhelm Deichmann jr.
so kurz nach den Ereignissen des März stellt ein theaterge-
schichtliches Kuriosum dar. Es war seit 1842 die erste Lockerung
des Verbots, innerhalb der Stadt ein Theater zu eröffnen. Sommertheater spielte man im entfernten Schöneberg, in Steglitz
oder sonstwo außerhalb des Stadtkerns — warum nicht auch innerhalb der Stadtmauern.

Ein Dutzend Pfähle, ein Podium, eine Zeltplane, Stühle und

Bänke für die Zuschauer — fertig war das durch Gasbeleuchtung erhellte Theater. Am 24. Mai 1848 erhielt Deichmann jr. die erbetene Konzession, und bereits am 25. Juni ging im neuen Sommertheater der Vorhang hoch. Der lange Jahre bei Deichmann engagierte Schauspieler Emil Thomas[5] berichtet, daß das Berliner Polizeipräsidium im Erteilen von Spielgenehmigungen sehr großzügig war, da man Theatervorstellungen als eine »Abwehr gegen Umstürzler und Unzufriedene« sah.[6] Doch hier hatte man sich, wie wir noch sehen werden, gründlich getäuscht.

Was nun die Eröffnungsvorstellung betrifft, widersprechen sich die Quellen. Es heißt bei Lieselotte Maas: »Nach einem Konzert im Casinogarten begann um ein halb acht Uhr die erste Vorstellung, die in strömendem Regen endete. (...) Nach dem Prolog ›Die Zeit‹ spielte man zwei Einakter: ›Die Nacht der Barrikaden‹ von Brandenburg und Angelys ›Die Braut aus Pommern‹. «[7] Gerhard Wahnrau berichtet noch von einem dritten, an diesem Eröffnungsabend gespielten Einakter, »Ein Engel im Dachstübchen«; er erwähnt aber auch besagten Prolog, der vor diesen Stücken gesprochen worden sei und in dem das Publikum gebeten wurde, sich »anständig aufzuführen«.[8] Unser neuer Theaterdirektor scheint seine Friedrich-Wilhelm-Städter gut gekannt zu haben. Das schon etwas verstaubte Stück von Angely[9] verdankte seinen Erfolg hier der leider früh verstorbenen Sängerin Elisabeth Schütz, von der die zeitgenössische Berichterstattung vermeldete, daß sie »eine Soubrette« sei, wie sie »Berlin seit geraumer Zeit nicht mehr gesehen«[10].

Mit »Die Nacht der Barrikaden« ist eine gewisse programmatische Vorschau auf das zukünftige Repertoire gegeben. Von Anfang an war eine volkstümliche Tendenz dieses Theaters nicht zu übersehen. Der Charakter eines demokratisch orientierten Volkstheaters trat besonders in den Jahren 1849/50 zutage. Wenn auch diese Tendenzen nach 1850 langsam verebbten, so dürfen wir doch einer Notiz aus der »Vossischen Zeitung« vom 22. Februar 1849 über das Volkstheater Glauben schenken, das bestrebt gewesen ist, die »unmittelbaren Zeitereignisse und so recht eigentlich das tägliche Leben widerzuspiegeln«[11]. Es wäre allerdings zuviel behauptet, wollte man Deichmann jr. einen revolutionären, fortschrittlichen Theaterleiter nennen. Zeitgenossen bezeichneten ihn als einen Spießbürger, ja sogar antidemokratischen Charakter, dem letztlich nur daran gelegen war — dies seine eigenen Worte —, »die besseren Kreise Berlins als Publikum zu gewinnen«[12].

Alte, längst vergessene Stücktitel hier aufzählen hieße den Leser langweilen. Dagegen ist zu berichten, daß allein im Sommer 1848 auf Deichmanns Bühne die stattliche Anzahl von 33 Stükken gespielt wurde, davon allerdings 20 Einakter. Die Einakter waren damals eine sehr beliebte Form der dramatischen Dichtung, die beim Publikum Gefallen fand. Eine interessante Erscheinung gilt es festzuhalten: Ein Teil des Publikums besuchte mit Vorliebe die Possenabende, dem anderen Teil aber gefielen die älteren Autoren mit ihren billigen Späßen, ihrer Biedermeier-Rührseligkeit nicht mehr. Diese Zuhörer- und Zuschauerschaft des »Nachmärz« verlangte, wie die »Vossische Zeitung« richtig vermerkte, Stücke, die so recht »das tägliche Leben widerspiegeln«.

Zur Baugeschichte in der Schumannstraße:

1842: Das Casino, erbaut von Deichmann sen.
1848: Das Sommertheater, erbaut von Deichmann jr.
1848/49: Umbau des Sommertheaters — Schaffung einer Winterbühne
1850: Errichtung des Friedrich-Wilhelmstädtischen Theaters (Grundbau des heutigen Deutschen Theaters)
1853: Das Parktheater

Wie die meisten der später erbauten Berliner Bühnen folgte auch das Friedrich-Wilhelmstädtische Theater dem Vorbild des neuen, von Langhans nach einem Brand wiederaufgebauten Opernhauses. »Das Opernhaus mit all seinen glänzenden und bequemen Einrichtungen, im verjüngten Maßstabe, scheint wie durch Zauber in einen Garten der Friedrich-Wilhelm-Stadt versetzt zu sein.« (Berlinische Nachrichten von Staats- und gelehrten Sachen — Spenersche Zeitung, 8. Mai 1850[13]) Und die »Berliner Feuerspritze« vermeldet am 19. September 1853 nach nochmaligem Umbau: »Der Raum ist so gemütlich eng, daß der Schauspieler die Häupter seiner Lieben rasch überblicken und [. . .] auf ihren Beifall selbst dann zählen kann, wenn er nicht ganz taktfest ist.«[14]

Über das Parktheater schrieb 1881 ein Chronist: »Die 2000 Plätze im Zuschauerraum des Parktheaters waren so angeordnet, daß jeder einzelne Platz (bis auf 400 Plätze des Parktheaters, für die es im Wintertheater keinen Ersatz gab) mit einem Platz gleicher Preislage im Wintertheater korrespondierte: Auf diese Weise konnte bei Regen ohne große Schwierigkeiten vom Sommer- ins Wintertheater umgezogen werden.«[15]

Trotz der vielen An- und Umbauten, die seit der Spielzeit 1983/84 dem Inneren des Hauses festlichen Glanz verleihen, zeigt das Deutsche Theater noch immer die Grundformen seiner Vorgänger-Bühnen. Vermerkt sei noch, daß Deichmann jr., nachdem er 1848 sein Sommertheater errichtet hatte, das alte Ca-

Bühnenansicht des 1850 eröffneten Friedrich-Wilhelmstädtischen Theaters
(Aus: Illustrierte Zeitung, 29. 6. 1850)

Der Zuschauerraum des Friedrich-Wilhelmstädtischen Theaters
(Aus: Illustrierte Zeitung, 26. 7. 1851)

sino verpachtete. Es wurde von Eduard Titz, der später auch das
Große Wintertheater baute, zu einem nur kurze Zeit bestehenden Konzertsaal umgestaltet. Wieder folgte ein Ball-Lokal. Es
waren die sogenannten »Emberg-Säle«. Wir werden uns mit diesem Etablissement noch zu beschäftigen haben, stellen aber, eine
spätere Zeit vorwegnehmend, fest: Es ist jener Gebäudeteil, den
wir seit dem Jahre 1906 als Kammerspiele des Deutschen Theaters kennen.

Friedrich-Wilhelmstädtische Dramaturgie

Es war kein Theaterwissenschaftler, sondern der damals in Berlin
weilende Schweizer Dichter Gottfried Keller[16], der sich über die
volkstümliche Posse, wie sie in diesem Theater gepflegt wurde, ja
dieser Bühne zum Großteil ihres Erfolges verhalf, in präzisen und
den Kern dieser Gattung von Stücken treffenden Worten äußerte. Am 16. September 1850 schrieb er dem Freund Hermann
Hettner:
»Es sind diesen Sommer schon mehrere Wienerkomiker hier

als Gäste aufgetreten, und ich gehe deswegen auch in das Friedrich-Wilhelmstädtische Theater und vergnüge mich alldort in allen möglichen Dummheiten der Wienerpossen. Wenn die tragische Schauspielkunst täglich mehr in Verfall gerät, so hat sich dafür in der sogenannten niedern Komik eine Virtuosität ausgebildet, welche man früher nicht kannte. Unabhängig vom Text der Stücke werden mit allen möglichen Organen Possen, Schlingeleien und Faxen ausgeführt, welche einen unendlichen Jubel erregen und alt und jung aufheitern; bald ist es ein Bein, bald der ganze Körper, bald nur das Gesicht oder gar ein einzelner Ton, gleich dem Krähen eines jungen Hahnes, was unser Lachen erregt. Diese Wienerpossen sind sehr bedeutsame und wichtige Vorboten einer neuen Komödie. Ich möchte sie fast den Zuständen des englischen Theaters vor Shakespeare vergleichen. [...] Ein vortreffliches Element sind auch die Couplets, welche von den Hauptpersonen gesungen werden und gewöhnlich politische oder soziale Anspielungen enthalten. [...] Der deutsche Michel, Belagerungszustand, deutsche Einheit usf. sind meistens der Gegenstand dieser Couplets und ziemlich erbärmlich zusammengereimt, und doch ist in alledem mehr aristophanischer Geist als in den Gymnasialexerzitien von Platen und Prutz[17]. Die Schauspieler oder befreundete Literaten machen diese Verse immer mehr nach den Tagesbedürfnissen neu und wechseln damit ab in den Stücken; das Volk bekommt deren nie genug und fordert den Komiker jedesmal, wenn er endlich abtreten will, auf, noch mehr vorzutragen [...]. Es ist rührend anzusehen, wie unverkennbar hier Volk und Kunst zusammen, unbewußt, nach einem neuen Inhalte und nach der Befreiung eines allmählich reif werdenden Ideals ringen.«[18]

In einem weiteren Brief an Hettner (4. März 1851) kommt Keller nochmals auf das Thema Friedrich-Wilhelmstädtisches Theater zurück:

»Und was das Beste und Herrlichste ist: das Volk, die Zeit haben sich diese Gattung *selbst geschaffen* nach ihrem Bedürfnisse, sie ist kein Produkt literarhistorischer Experimente [...]. Denn es ist eine Lüge, was die literarischen Schlafmützen behaupten, daß die Angelegenheiten des Tages keinen poetischen und bleibenden Wert hätten.«[19]

Gottfried Kellers kluge, jeder gegenwärtigen Betrachtungsweise dieses Themas standhaltende Ausführungen kennzeichnen die Situation. Und, um nochmals den Schauspieler Emil Thomas zu zitieren:

»Deichmanns Theater war das einzige, welches im Aufblühen begriffen, den Berlinern das willkommene Kunstinstitut wurde. [. . .] Sein Theater war allerdings ein Kind der Zeit, einer Zeit der Unzufriedenheit, der Opposition und Satire – mit einem Wort: ein Institut des kaustischen Humors.«[20]

Es war dies die Zeit, in der davon gesprochen wurde, die Hofbühnen »unter die Hoheit des Volkes zu bringen«[21]. Doch das war ein frommer Wunsch. Zu Recht bemerkte der Theaterhistoriker Eduard Devrient: »Es half dem Generalintendanten nicht, daß er in allen Zeitungen als der sachverständigste, wohl auch kunstsinnigste Bühnenleiter gepriesen wurde; es war dennoch allbekannt, daß er das Theater tief herabgebracht habe und daß nur der Eigensinn einer Hofrücksicht den geringgeschätzten Mann auf seinem Posten hielt.«[22] Königlicher Hof – das bedeutete im Preußen jener Zeit Militär, und das beherrschte die Straße. Es beherrschte sie so, daß die Leute – und dies besonders während der Zeit des Belagerungszustandes von 1848/49 – sich fürchteten, ins Theater zu gehen. Deichmann erlitt beträchtliche finanzielle Einbußen, kürzte die Gagen. Der Schauspieler Ascher erfand das Wort von der »Belagerungsgage«.

Und mit diesem bitter-ironischen Wort sind wir mitten in der Friedrich-Wilhelmstädtischen Theaterdramaturgie. Mögen uns heute diese Stücke lammfromm erscheinen – auch wenn sie sich mitunter noch so revoluzzerisch in Wort und Szene gebärdeten –, es waren dennoch Stücke, welche die Schaulust des damaligen Publikums reizten. Vor allem waren es die darin eingebauten Couplets, Extempores, Anspielungen und Witze, die, teils von Bearbeitern, teils von den Darstellern selbst verfaßt, in den Vorstellungen zu hören waren. Und diese waren so recht nach dem Gusto des Publikums. Am 25. Februar 1849 druckte sogar die freisinnige »Vossische Zeitung« einen Coupletvers aus dem Stück »Eigentum ist Diebstahl« ab, der sich auf die Zeit des Belagerungszustandes bezog und beim Publikum großartig ankam:

Nur die »Wühler« hat's verdrossen,
Als jüngst Magistrat beschlossen,
Daß doch die Belagerei
Uns noch höchst notwendig sei! . . .
Jeder muß den Amtseid schwören,
Inquisition darf niemand stören.[23]

Sogar noch 1850, in der Zeit der Reaktion, war der zwar ver-
steckte, aber nicht zu überhörende politische Bezug solcher Couplets zu erkennen. Im »Lied vom unterdrückten Gefühl« aus der
sonst harmlosen Posse »Eine Berliner Grisette« — kein Geringe-
rer als Albert Lortzing hat es komponiert — wußte jeder, welche
Art von Unterdrückung gemeint war:

Der Druck ist schlimm,
glaubt's sicherlich —
Gefühlsdruck mein' natürlich ich,
wird das gewaltsam unterdrückt,
bricht's doch mal los,
dem Zwang entrückt.

Es gibt in unseren Zeiten jetzt
so manches, das uns tief verletzt,
und ich will jetzt einmal ganz frei
hier alles sagen — ohne Scheu . . .
Doch besser ist's, ich schweige still,
sonst *unterdrückt man mein Gefühl!*[24]

Die Einlagen wechselten täglich, je nach der politischen Tages-
situation; wurde heute eine Einlage verboten oder war sie nicht
mehr aktuell genug, so gab es morgen eine neue. Nicht umsonst
sprach Keller von der »Bevölkerung einer so pfiffigen Weltstadt«
und ihren »mutwilligen« Schauspielern. Einmal bejahte man die
Anspielungen auf politische Geschehnisse, ein andermal bekrit-
telte man sie. Deichmann saß, wie die Berliner sagen, zwischen
Baum und Borke. Einerseits wußte er, daß die Popularität seiner
Schauspieler und deren Darbietungen ihm volle Häuser brachten,
andererseits aber hatte er ständig die Schließung seines Theaters

zu befürchten. Eine Form des kleinen Mäzenatentums trat in Erscheinung: Geldstrafen für extemporierende Schauspieler, ob vom Direktor oder von der Polizei verhängt, wurden des öfteren von Freunden und Gesinnungsgenossen der Mimenschar bezahlt, in vielen Fällen sogar im voraus.

Es will uns heute seltsam erscheinen, daß 1849 Goethes Lustspiel-Einakter »Der Bürgergeneral« ein großer Theatererfolg war. Vielleicht war es der Titel, der Assoziationen hervorrief. Da war praktisch kein Gebiet, ob Regierungsebene oder Marktweibergewäsch, dem auf dieser Bühne Pardon gegeben wurde. Und reichten für Stückbesetzungen die bei ihm engagierten Komiker nicht aus, holte sich Deichmann solche von anderen Bühnen, speziell aus Wien, wie es Gottfried Keller beschrieben hat; so auch die Charakterkomiker Wenzel Scholz und Louis Grois, beide Vertreter der Wiener Vorstadtkomödie, die zum Vergnügen der Zuschauer in unserem Berliner Stadtviertel ihre Späße trieben. Und typisch für die damalige Situation in Berlin war auch Nestroys Posse »Freiheit in Krähwinkel« (man denke an die Stückeinteilung, erste Abteilung »Die Revolution« — zweite Abteilung »Die Reaktion«). Sie fand den brausenden Beifall des Publikums, während die »Spenersche Zeitung« (wohlweislich) davon sprach, daß dieses Stück mit seinem »harmlosen, fast kindlichen Humor« zu den »mattesten Erzeugnissen« Nestroys zähle.[25] Aber so »harmlos« schien der Nestroysche Witz doch nicht gewesen zu sein; das Publikum im Friedrich-Wilhelmstädtischen Theater wußte sehr wohl, was gemeint war, mochte es sich in Wien oder Berlin abgespielt haben.

Von den heute zu Recht vergessenen Stücken aus der Zeit von 1848–1850 sind an Titeln zu nennen: das bereits erwähnte Stück »Eigentum ist Diebstahl oder Der Traum eines roten Republikaners« (14. 2. 49) von dem ehemaligen Schauspieler und späteren Vielschreiber Rudolph Hahn[26], das mit über 60 Aufführungen wohl erfolgreichste Stück jener Jahre; ferner »Kleinstädtische Bürgerwehr« von A. Heinrichs (9. 11. 48), »Demokratinnen« von L. Schubars (13. 11. 48), »Der Geheime Registrator und sein Paletot oder: Nur einen Orden!« von Rudolph Hahn (26. 11. 48), »Der deutsche Michel« von Feldmann (1. 12. 48), die Antirekrutierungsposse »Drei Helden« von Kalisch (27. 2. 49), der an-

onyme Einakter »Eine Leipziger Barrikade« (20. 5. 49), »Ein Minister aus dem Volke« von Carlschmidt (9. 5. 49), »Freiheit und Arbeit« von Elmar (1. 7. 49), »Keine Arbeit mehr« (29. 4. 49), »Die Macht des Goldes« (30. 1. 50) und »Ein Fanatiker der Ruhe« (19. 3. 50) von Albert Mödlinger sowie »Müller und Schulze oder Die Einquartierung« von Rudolph Genée (26. 12. 50).[27]

Als im Sommer 1849 die reaktionäre Haltung der preußischen Regierung immer unverhüllter in Erscheinung trat, als der General von Wrangel[28] wiederholt die Aufführung bestimmter Stücke verbieten ließ, erhielt auch Deichmann mehrmals Mahnungen, »keine politischen Stücke« zu spielen. Trotzdem wagte er es noch im Herbst 1850, das an die Befreiungskriege gemahnende Schauspiel »Ferdinand von Schill« des jungen liberalen Karl Rudolf Gottschall aufzuführen (was freilich in Berlin ebenso schnell verboten wurde wie in Breslau sein Stück »Marseillaise«).

Die
Maschinenbauer von Berlin.

Gesangs-Posse
von
A. Weirauch.

Musik von A. Lang.

Knobbe. Des Trinken is übrigens blos eene schlechte Angewohnheit — ich natürlich — ich trinke nur wegen
meine Zahnschmerzen.

Couplets mit Pianoforte-Begleitung.

1) Berlin ist 'ne jöttliche Stadt. 2) Was fehlt denn noch?
3) Es hat gegeben Keile. 4) Das Leben ein Rausch.
5) Erst das Geschäft, und dann das Vergnügen. 6) Maschinenbauer-Duett.

Berlin, N88

Verlag von A. Hofmann und Comp.

Vor Nachdruck wird gewarnt.

Bereits im Dezember 1847 konnte man am Königstädtischen Theater Kalischs Posse mit Gesang »100 000 Taler« sehen. Nach der Schließung dieser Bühne am Alexanderplatz wurden Kalischs Possen zunächst vom Friedrich-Wilhelmstädtischen Theater übernommen. Die wichtigsten Stücke von David Kalisch (1820−1872), dem Vater des Berliner Lokalstücks, kamen jedoch am Theater in der Blumenstraße, dem späteren Wallner-Theater heraus: »Berlin, wie es weint und lacht« (1858), »Krethi und Plethi« (1865), »Berlin wird Weltstadt« (1866) u. a. In den fünfziger und sechziger Jahren stand an den Theatern der preußischen Hauptstadt das Berliner Volksstück, die Berliner Posse mit Gesang in voller Blüte.

Am Friedrich-Wilhelmstädtischen Theater erlebte am 28. Juli 1859 August Weirauchs Gesangs-Posse »Die Maschinenbauer von Berlin«[29] mit der Musik von A. Lang ihre Uraufführung. Damit brachte Deichmann ein inzwischen höchst aktuell gewordenes Thema in heiterem Gewande auf die Bühne: die Industrialisierung Berlins und die damit verbundenen sozialen Strömungen und Spannungen. Das war nach Jahren der Reaktion und Restauration eine neue Farbe im Spielplan, »sozial-gemütlich« zwar, wie Karl Holl jene Art von Volksstücken bezeichnete. Aber in diesem und anderen Bühnenwerken jener Zeit kam nicht nur die Resignation und die Enttäuschung über die mißglückte Revolution von 1848 zum Ausdruck; sie wiesen auch dem Volksstück in Deutschland neue Wege.

Musik in der Schumannstraße

Eine Chronik des Friedrich-Wilhelmstädtischen Theaters wäre ohne Blick auf das Musiktheater unvollständig. Die Musik spielte in den einzelnen Perioden dieser Bühne eine nicht unwesentliche Rolle, ja für die Entwicklung der Operette in Berlin war dieses Theater sehr wichtig. Die Vaudevilles, die Possen mit Gesang und musikalischen Lustspiele erforderten schon immer ein kleines Hausorchester. Doch erst nach dem 17. Mai 1850, dem Tage der Eröffnung des Großen Wintertheaters, können wir — von

Albert Lortzing, um 1846
Nach einer Zeichnung von Prinshofer

obligaten Gesangseinlagen abgesehen — von bedeutenden musikalischen Darbietungen in der Schumannstraße sprechen.

Es war stets Deichmanns Bemühen, auch die »gebildeten Schichten« und »die höheren Kreise« (wie er sich auszudrücken pflegte) für sein Theaterunternehmen zu gewinnen. Er strebte an, einem Theater vorzustehen, das sich — auch hier wieder seine eigenen Worte — »in manchen Fächern der Residenz der Hohenzollern würdig erweise«. (Nachzulesen in einer im Potsdamer Staatsarchiv vorhandenen Kabinettsakte.[30]) So war unser Theaterunternehmer, als er eines Tages auch noch die Erlaubnis erhielt, Oper spielen zu dürfen, »der glücklichste Mensch der Welt«. Damit ging des ehemaligen Baritonisten Deichmann sehnlichster Wunsch in Erfüllung. Er engagierte Sängerpersonal, vergrößerte das winzige Orchester und verpflichtete einen neuen Kapellmeister.

Der Neue hieß Albert Lortzing (1801–1851). Und dieser bezog zunächst am 30. April 1850 in unmittelbarer Nähe des Theaters, in der Schumannstraße 15, Quartier. »[Ich] werde [...] wahrscheinlich ein Engagement in Berlin beim neuen Friedrich-Wilhelmstädtischen Theater annehmen. Es [...] hat zwar für den Augenblick nur Lustspiel, Posse und Singspiel, soll aber im nächsten Jahr auch eine Spieloper erhalten«, heißt es vor Engagementsantritt in einem Brief Lortzings. »Die mir gebotene Gage ist entsetzlich. [...] Der Mann glaubt [...], seinem Unternehmen mit meinem Engagement ein Lustre zu geben; im übrigen täte ihm jeder zugelaufene Musikant [...] dieselben Dienste.«[31] Seiner Frau schrieb er am 9. Mai: »Ich habe bereits meine liebe Not mit meinem Herrn Direktor. Orchester und Chor bedarf einer bedeutenden Reform, aber dem Direktor ist alles zu teuer. [...] dennoch scheint er nicht recht an die Oper anbeißen zu wollen; aber es wird nichts helfen, er muß.«[32]

Doch bis es soweit war, hatte Lortzing nichts anderes zu tun, als für 50 Taler monatlich Zwischenakt-Musiken, Couplets und primitive Musiken zu Ballett-Einlagen und Vaudevilles zu dirigieren. Als einzige seriöse Musik unter Lortzings Stabführung müssen wir die von ihm komponierte »Festouvertüre in Es-Dur« bezeichnen, mit der (neben den Possen »Die Zillertaler«, »Waldeinsamkeit« und »Peter Schlemihl«) am 17. Mai 1850 das neue große Haus eröffnet wurde. Ansonsten hatte er sich musikalisch mit Trivialitäten abzugeben. Sie hießen »Ein Mittwoch in Moabit« oder »Eine Berliner Grisette«. Die Bühnenmusik zu Raimunds »Verschwender« war schon eine Ausnahme. Aber, und damit hatte Lortzing recht, Deichmann mußte, wollte er wirklich ein »gebildetes Publikum« in seinem Theater, endlich die Oper einbeziehen. Zwar beschränkte sich die Opernkonzession lediglich auf kleinere Werke und Spielopern, doch in dieser Beschränkung lag auch etwas Positives. Für die große Oper mit Stimmglanz und großem Orchester besaß er weder Geld noch Personal.

Im Oktober und November 1850 gab man vier Aufführungen von Lortzings Oper »Die beiden Schützen«. Die erste und zweite waren Benefizvorstellungen zugunsten des Komponisten. Bekanntlich galten Benefizvorstellungen immer als eine gute zusätzliche Einnahmequelle für das Bühnenvolk. Wie meistens in sei-

Friedrich-Wilhelmstädtisches Theater.

Montag den 4. November 1850.

Zum 4ten Male:

Die beiden Schützen.

Komische Oper in 3 Akten, frei nach dem Französischen. Musik von A. Lortzing.
(In Scene gesetzt vom Regisseur Herrn Hesse.)

Personen:

Amtmann Wall	Hr. Haase.
Caroline, seine Tochter	Frl. Aug. Schulz.
Wilhelm, sein Sohn, Soldat im 1sten Schützen=Bataillon, unter dem Namen Wilhelm Stark	Hr. Harrig.
Peter, sein Vetter	Hr. Stotz.
Busch, ein wohlhabender Gastwirth	Hr. Nowack.
Suschen, seine Tochter	Frl. Plock.
Gustav, sein Sohn, Soldat im 3ten Schützen=Bataillon	* *
Jungfer Lieblich, Haushälterin	Frau Ihn.
Schwarzbart, ein Dragoner, Wilhelms Freund	Hr. Werkenthin.
Barsch, ein Invaliden=Unteroffizier	Hr. Weirauch, sen.
Ein Soldat	Hr. Kühling.
Soldaten. Nachbarn. Landleute.	

Die Handlung geht in einem Landstädtchen vor.

⁂ Gustav: Hr. Tappert, vom Stadttheater in Stettin, als zweite Gastrolle.

Anzeige.

Dienstag den 5. November: Besser früher als später. Hierauf, zum Erstenmale: Die Haasen in der Haasenhaide, Vaudeville in einem Akt von L. Angely. Musik von Isouard.

Mittwoch den 6. November: Zum Benefiz für Herrn A. Weirauch, sen. Zum Erstenmale: Wenn Leute Geld haben! komisches Lebensbild in 3 Akten von A. Weirauch. Musik von Th. Hauptner.

Anfang 6 Uhr. Ende 9 Uhr.
Das Haus wird um 5 Uhr geöffnet.

nem Leben, hatte er auch hier Pech: Zu den ersten beiden Vorstellungen blieb das Haus leer — so leer, daß er noch nicht einmal
die Vorschüsse, die er sich in der Hoffnung auf diese Einnahme
hatte auszahlen lassen, zurückerstatten konnte. Erst die dritte
und vierte Vorstellung waren ausverkauft; aber da flossen die
Einnahmen dem Direktor zu. Über eine andere Lortzing-Auffüh-
rung, den »Wildschütz«, schrieb am 19. November der Kritiker
Ludwig Rellstab in der »Vossischen Zeitung«: »Die Wirkung auf

40

das Publikum läßt sich nicht bestimmen, weil eigentlich gar kein Publikum vorhanden war.«[33] Es kam zu Auseinandersetzungen zwischen Deichmann und Lortzing. Denn auch die Werke Donizettis, Méhuls und anderer Opernkomponisten zündeten nicht.

Mit dem 1. Mai 1851 wäre Lortzings Kontrakt abgelaufen gewesen. Deichmann kündigte ihm aber bereits zum 1. Februar 1851. Diesen Tag erlebte der Komponist nicht mehr. Er starb am 21. Januar 1851. Aber an eben diesem 1. Februar, dem Kündigungstag, hätte Lortzing ein volles Haus gehabt. »Zum Besten der Hinterbliebenen« gab man wieder »Die beiden Schützen«.

Deichmann versuchte im Verlauf seiner Direktionsjahre trotz allerhand Widrigkeiten immer wieder, dem musikalischen Genre eine Heimstatt zu geben. Am 14. September 1851 eröffnete er offiziell am Friedrich-Wilhelmstädtischen Theater die Oper – ausgerechnet mit einem Lortzing: »Der Waffenschmied«. Im Repertoire erschienen dann zwischen 1851 und 1855 die Werke von Adam, Dittersdorf, Fioravanti, Auber, Mozart, Boieldieu, Flotow, Donizetti, Bellini u. a.; auch gab es Gastspiele auswärtiger Operngesellschaften. Doch mit dem Heranziehen »höherer Kreise« hatte er sich verrechnet. Diese füllten höchstens ein bis zwei Vorstellungen, und seine treuen Besucher von Possen und Lustspielen blieben den Opernaufführungen fern. Zwar, und darin liegt eine gewisse Tragik, wurde die Spieloper im Friedrich-Wilhelmstädtischen Theater dank vieler singender Schauspieler weitaus lebendiger und amüsanter dargeboten als im Opernhaus Unter den Linden; aber das Theater war seiner eigentlichen Aufgabe, ein »Lachtheater« für das Publikum der Friedrichstadt zu sein, untreu geworden. Nach dem 1. April 1854 wurden die Opernvorstellungen drastisch reduziert, ganz vom Spielplan verschwanden sie jedoch nicht.

Eine glücklichere Hand hatte Deichmann später mit der Operette. Im Jahre 1859 gastierten im Krollschen Etablissement hinter dem Brandenburger Tor (der späteren Kroll-Oper, ab 1933 Reichstag der Nazis) die Bouffes Parisiens – damals eine kleine, nur komische Einakter spielende Gesellschaft aus Paris, die in Berlin völlig unbekannt war. Deren Direktor und Hauskomponist hieß Jacques Offenbach. Deichmann war begeistert und setzte alles auf eine Karte: Als erster Berliner Theaterdirektor schloß er mit Offenbach einen Exklusiv-Vertrag ab, der ihm das gegenwärtige und weitere Schaffen des Komponisten für Aufführungen in Berlin sicherte.

So kam Berlin nach und nach zu »Orpheus in der Hölle« (wie der Titel von »Orpheus in der Unterwelt« ursprünglich hieß), »Die Verlobung bei der Laterne«, »Blaubart«, »Pariser Leben«, »Die Großherzogin von Gerolstein«, »Périchole«, »Die Banditen«, »Die Prinzessin von Trapezunt«. Daß auch »Die schöne Helena« nicht fehlen durfte, ist selbstverständlich. Sie war in den sechziger und siebziger Jahren die Glanzpartie der Wiener »Offenbachantin« Maria Geistinger, die übrigens von 1854 bis 56 fest, später gastweise bei Deichmann engagiert war.

Am 26. Juli 1861 kam Offenbach mit den Bouffes Parisiens abermals nach Berlin — über hundert Vorstellungen hatte der Berliner »Orpheus« bereits hinter sich — und dirigierte sowohl dieses Werk als auch kleine Einakter. Eine wahre Offenbach-Begeisterung erfaßte Berlin.

An dieser Stelle müssen wir kurz auf die bereits erwähnten Emberg-Säle zurückkommen. Das war jenes Tanzlokal, auf dessen Grundmauern sich später die Kammerspiele des Deutschen Theaters etablieren sollten. Wo man auch in der Berlin-Literatur auf jenes Lokal stößt, immer steht das Wörtchen »anrüchig« dabei; ein Berlin-Historiker übernahm es vom andern. Was war denn so anrüchig an diesem Lokal? Woher stammte sein schlechter Ruf? Vielleicht war es so, daß mit den Werken Offenbachs auch jener Tanz nach Berlin kam, der erst ganz Paris und nun auch Preußens Hauptstadt in Ekstase versetzte — der Cancan. Der zündende Rhythmus dieses Tanzes mochte von den Bühnenbrettern herab ins nächstgelegene Tanzlokal gelangt sein, und das war eben »Emberg«, wo auch die Soldaten der gegenüberliegenden Infanterie-Kaserne verkehrten. Hatte einst im Rokoko die Damenwelt viel Busen gezeigt, so zeigten die Schönen nun Bein, zeigten ihre Dessous und Strumpfbänder; die Bühnentänzerinnen schlugen Rad und gingen in die Grätsche. Das galt dem braven Bürger für unanständig, für anrüchig. Dem Unternehmer sicherte es volle Kassen.

Doch auch die Offenbach-Konjunktur ging bei »Emberg« und auf Deichmanns Bühne einmal zu Ende. Der Krieg von 1870/71 sorgte dafür. Der geborene Kölner Offenbach wurde über Nacht zum »Französling«, seine Schöpfungen galten als »undeutsch«. So einfach war das damals. Aber noch in der Offenbach-Zeit konnte sich in Berlin ein anderer Operettenkomponist etablieren. Es war der aus Dalmatien stammende Francesco Ezechiele Ermengildo de Suppé, der in Wien als Franz von Suppé eingedeutscht wurde. Das Trompetengeschmetter seiner »Leichten Kavallerie« erklang von den Theaterbühnen herab bis zur letzten Kurkapelle. Marie Geistinger sang 1869 bei Deichmann die »Schöne Galathee«.

Und noch ein anderer Wiener erreichte mit seinen Werken Berlin — der Fledermaus-Komponist Johann Strauß. Die »Fledermaus« errang ihren Welterfolg nicht bei der Wiener Uraufführung, sondern erst nach der Berliner Aufführung am 9. Juli 1874. Das war aber schon nach Deichmanns Abgang.

Das ehemalige Deichmannsche Theater wurde das »fashionabelste« der Reichshauptstadt. Wenn auch die Bühne während der folgenden Periode fast nur der Operette vorbehalten blieb, so muß doch das erste Gastspiel der Meininger im Sommer 1874 in Berlin, später auch das Auftreten von Salvini und Rossi, den Meistern italienischer Schauspielkunst, zu den Ruhmesblättern des Friedrich-Wilhelmstädtischen Theaters jener Jahre gerechnet werden.

Deichmanns Abgang

Friedrich Wilhelm Deichmann jr. hatte seine Aufgabe erfüllt. Sicher waren die frühen fünfziger Jahre, in denen die Posse dominierte, eine der besten Zeiten seiner Bühne. So unterschiedlich, ja mitunter widersprüchlich seine Motivation, gutes volkstümliches Theater in der Friedrichstadt zu machen, auch gewesen sein mag, so muß doch anerkannt werden, und Gottfried Keller hat das eingangs richtig formuliert:

»Das Volk, die Zeit, haben sich diese Gattung selbst geschaffen nach ihren Bedürfnissen, sie ist kein Produkt literarhistorischer Experimente.«

Die Bedeutung des Friedrich-Wilhelmstädtischen Theaters

zeichnet Lieselotte Maas mit folgenden Worten: »Zwei Dinge sind es, die dem Friedrich-Wilhelmstädtischen Theater unter den Berliner Bühnen des 19. Jahrhunderts eine Sonderstellung einräumen: die politische Situation, die allein seine Entstehung ermöglichte, und ein gerade durch diese besondere Art der Entstehung geprägter theatralischer Stil.«[34]

Deichmann, müde und leidend geworden, hatte 1872 sein Theater einem Konsortium verkauft. Ihm gehörten der Buchhändler und »Kladderadatsch«-Verleger Albert Hoffmann und zwei Bankiers an. Der Verkaufspreis betrug eine Million und sechshundertachtzig Goldmark. Nach mancherlei baulicher Umgestaltung im Jahre 1872 übernahm der Sekretär und Dramaturg Emil Neumann (um 1840—1916) die Leitung des Hauses.[35] Nach vier Jahren trat Neumann zurück und Karl Tetzlaff, seit 1872 als Regisseur engagiert, übernahm vom 1. April 1876 bis 1877 die künstlerische Leitung.

Er war ein geschickter Theaterleiter gewesen, der Herr Deichmann jr. Mit ihm hatte Berlin einen Bühnenleiter verloren, der sich zwar weniger durch intellektuelle und künstlerische Eigenschaften auszeichnete, wohl aber durch Spürsinn, Zähigkeit, Ausdauer und Energie.

Hatte er nicht genügend gute Schauspieler, organisierte er Ensemble-Gastspiele von außerhalb, darunter auch das des Wiener Burgtheaters. Marie Taglioni die Jüngere tanzte bei ihm. Schauspielernamen, die später Begriffe wurden, waren auf seinen Theaterzetteln zu lesen: Friedrich Haase, Emil Devrient, Bogumil Dawison, Marie Seebach, Friederike Gossmann. Sogar den berühmten Tenor Theodor Wachtel konnte man bei ihm in seiner Glanzpartie als »Postillon von Lonjumeau« hören.

Aber es gab saisonweise auch gute Namen im eigenen Ensemble: Anton Ascher sei an erster Stelle genannt, er war Bonvivant, Komiker und Oberregisseur in einer Person. Ein »wahrer Schatz« war Zeitungsberichten zufolge die Soubrette Elisabeth Schütz. »Eine virtuose Farbgebung, ein Reichtum an schauspielerischen Nuancen«[36] wurden Rudolph Haase zugebilligt. Stützen seines Ensembles waren die Schauspielerinnen Ottilie Genée und Klara Ungar. Dann wäre August Weirauch zu erwähnen, der zuerst Komiker bei Deichmann war, bevor er sich als Possenautor einen

Theodor Wachtel als Postillon von Lonjumeau

Anton Ascher — August Wilhelm Weirauch — Ottilie Genée

Namen machte. Von ihm sprach man als »dem Coupletsänger par excellence«.

Schließlich muß auch noch der Charakterkomiker Theodor L'Arronge[37] genannt werden. Er war der Vater jenes Adolph L'Arronge, den wir mit dem Jahre 1883 als ersten Hausherren des Deutschen Theaters in der Schumannstraße antreffen werden. Nicht unerwähnt bleiben soll abschließend, daß Adolph L'Arronge, der vielseitig Begabte — er war Schauspieler, Operndirigent und Dramatiker —, nicht zum erstenmal in dieses Theatergebäude kam. Bereits 1866 war er bei Deichmann als Kapellmeister engagiert gewesen.

Das Löwenhaupt von Berlin
1883—1894

»Die Begründung des Deutschen Theaters durch Adolph L'Arronge bedeutete
einen Markstein in der Geschichte des Berliner Bühnenwesens.«

Julius Hart

»Das Théâtre Français galt zu allen Zeiten als die Musterbühne Europas.
Herr L'Arronge kam auf den Gedanken, sie nachzubilden.
Ein trefflicher Gedanke!«

Conrad Alberti

»Das Deutsche Theater war ein großstädtisches Theater.
Die Großstadt mit ihrer ausgeprägten Differenzierung der sozialen
Schichten entwickelte mehrere Gattungen von Bühnen nebeneinander.
Das Publikum des Deutschen Theaters war das gebildete Bürgertum.
Das Deutsche Theater war ein Privattheater.
In seinen drei großen Epochen (die Zeit der Direktion Paul Lindau
1904—05 ist völlig belanglos), die mit den Namen seiner Leiter
Adolph L'Arronge (1883—1894), Otto Brahm (1894—1904) und
Max Reinhardt (1905—1932) charakteristisch überschrieben werden
und die je eine Entwicklungsstufe des theatralischen Stils spiegeln,
ist es das maßgebende Privattheater der Reichshauptstadt gewesen.«

Kurt Raeck

»Daß ein Privattheater mit einem Schlage an die Spitze aller deutschen
Bühnen trat, darin liegt die historische Bedeutung der Gründung
des Deutschen Theaters. Man bewies, daß sich der Ohnmacht der reichen
Hofbühne, der Possen- und Operettenwelt kleinbürgerlicher
Schauspielhäuser, dem Tingeltangeltreiben ein Paroli bieten ließ.
Und was für den künstlerischen Ehrgeiz, der zur Gründung dieser Bühne
führte, besonders bezeichnend war: man versuchte in dem konservativen
Deutschland eine in republikanisch denkenden Ländern längst
bewährte Institution durchzusetzen, ein Sozietätsunternehmen.«

Max Reinhardt

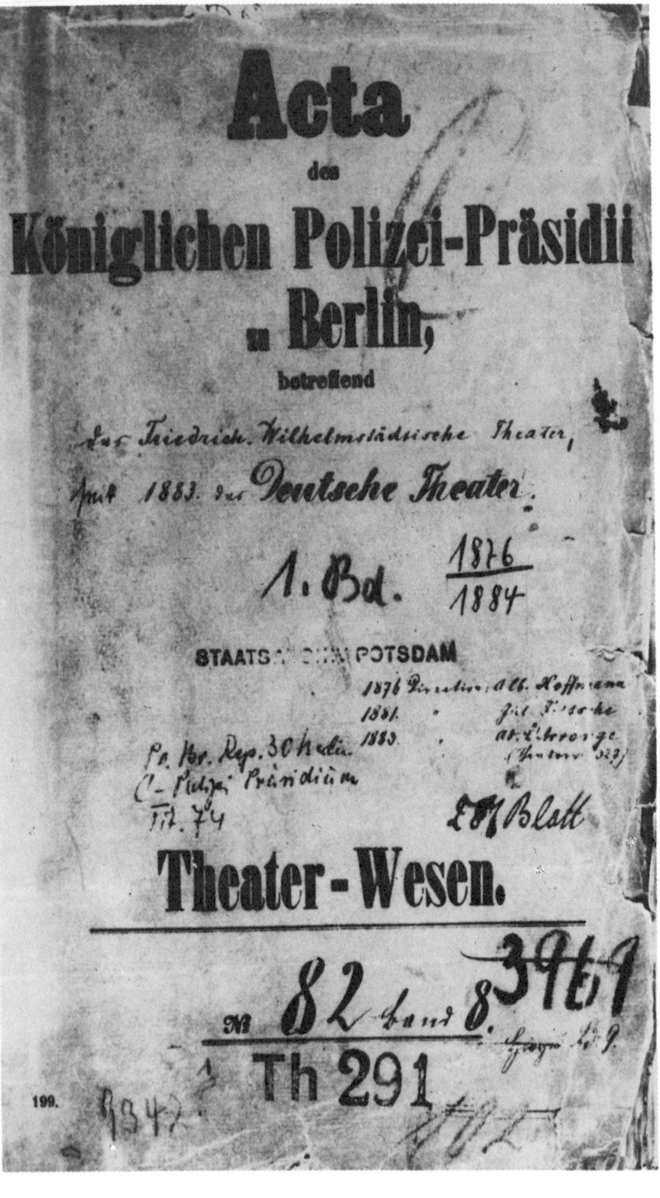

Acta

des

Königlichen Polizei-Präsidii

zu Berlin,

betreffend

das Friedrich-Wilhelmstädtische Theater,
seit 1883. das *Deutsche Theater*.

$$\text{1. Bd.} \quad \frac{1876}{1884}$$

1876 Direction Alb. Hoffmann
1881.   "   Jul. Fritsche
1883.   "   at. Lbrorge
                (Theater 229)

Po. Pr. Rep. 30 Acta
C- Polizei Präsidium
Tit. 74

207 Blatt

Theater-Wesen.

№ 82 Band 8. 3969
Bogen No 9.

Th 291

199.

Die Bezeichnung »Das Löwenhaupt von Berlin«, worunter der mit einer voluminösen Haarmähne ausgestattete Adolph L'Arronge (1838—1908) zu verstehen ist, stammt nicht vom Autor dieses Buches. In der Bibliothek des Märkischen Museums zu Berlin befindet sich ein zweibändiges Manuskript des im Jahre 1977 in München verstorbenen Dr. Gerhart L'Arronge, das diesen Titel trägt. Der Verfasser war der Enkel von Adolph L'Arronge. Es gelang ihm nach jahrelanger mühseliger Forschungsarbeit, aus den Familienpapieren und anderen Unterlagen ein lückenloses Bild des Deutschen Theaters zusammenzufügen. Es umfaßt die Gründungszeit von 1883 und die bis zum Jahre 1894 währende Direktionstätigkeit seines Großvaters. Der Wert der bereits erwähnten Dissertation von Raeck aus dem Jahre 1928 wird dadurch keineswegs geschmälert. Im Gegenteil. Gerhart L'Arronge bezieht sich in vielen Passagen auf diese Schrift.

Die Idee — Die Sozietät

Bereits an dieser Stelle hat nun eine Korrektur des auf vorstehender Seite wiedergegebenen Zitats von Conrad Alberti[1] zu erfolgen. Nicht von Adolph L'Arronge stammte der Gedanke, die Geschäftsform des Théâtre Français zum Vorbild zu nehmen, sondern von dem Schauspieler Siegwart Friedmann[2]. Dieser in seiner Zeit wohlbekannte Schauspieler äußerte bereits im Jahre 1874 anläßlich seines Pariser Aufenthalts in einem Brief an eine imaginäre Freundin den Gedanken, »[...] ein deutsches Theater auf derselben oder ähnlichen Grundlage des Sozietätsverhältnisses wie das ›Théâtre Français‹ zu schaffen«[3]. Er dachte, eine erlesene Schar von »ausgeprägten Individualitäten«, wie zum Beispiel Friedrich Haase, Ludwig Barnay, den Münchener Hofschauspieler Ernst von Possart, in *einem* Ensemble zu vereinigen. Dieser Gedanke ließ ihn seither nicht mehr los.

In einem weiteren Brief wird wiederum das Théâtre Français zitiert: »Diese bewunderungswürdige Organisation hatte die vielbewegten Regierungsformen des verwandlungsreichen Staatswesens Frankreichs zwei Jahrhunderte überlebt, sich trotz der zahlreichen Krisen in ihrem eigenen Wirkungskreis stetig weiterentwickelt und in strahlendem Glanze dauernd erhalten.« Und er fährt fort: »Wie gesagt, regte sich schon damals mächtig der Gedanke in mir, daß auch wir Deutsche nach der glorreichen Begründung des Deutschen Reiches mit vereinter Kraft daran gehen müßten, eine dem ›Théâtre Français‹ ähnliche Institution ins Leben zu rufen, zum Segen der deutschen Schauspielkunst, die immer noch als Stiefkind behandelt, an Unklarheiten und Verwilderungen aller Art leidet und einer plumpen Gewerbeordnung unterworfen ist.«[4]

Zu dieser von Friedmann angeführten Gewerbeordnung wäre zu sagen, daß diese bis weit ins 20. Jahrhundert hinein Irrenhäuser und Theater, Schornsteinfeger und Theaterdirektoren in einem Atemzuge nannte.

Friedmann blieb nicht untätig. Außer den erwähnten, sich ewig auf Gastspielreisen befindenden Schauspielergrößen wie Barnay, Possart und Haase, gewann er den Leipziger Schauspieldirektor und Regisseur Dr. August Förster (1828—1889) für seine Idee.

Die Sozietäre:
Siegwart Friedmann — Ludwig Barnay — August Förster — Friedrich Haase

Der Gedanke einer nationalen Bühne lag in der Luft, und zu Recht vermerkte Raeck: »Es ist eine beschämende Tatsache, daß die Hofbühnen, die eigentlich dazu berufen waren, nationale Bühnen zu sein, in dieser Zeit Verbindungen mit den geistigen und künstlerischen Kräften der Nation vermissen ließen. Nirgends offenbarte sich die Scheinkultur des damaligen Theaterbetriebes mehr als hier.«[5] Das schafft Assoziationen zu Lessing und Schiller. Zu ersterem mit seiner Klage aus dem Jahre 1768 über »den gutherzigen Einfall, den Deutschen ein Nationaltheater zu verschaffen, da wir Deutsche noch keine Nation sind«[6], und zu Schiller mit seiner Mannheimer Vorlesung »Was kann eine gute stehende Schaubühne eigentlich wirken?« von 1774, in der es unter anderem heißt: »[. . .] wenn wir es erlebten eine Nationalbühne zu haben, würden wir auch eine Nation«[7].

Nun, es gab zwar seit Januar 1871 ein im Spiegelsaal zu Versailles von Junkern und Militärs inauguriertes und durch den Mund Bismarcks verkündetes Deutsches Reich, das den einstigen »Kartätschenprinzen« von 1848, Wilhelm, zum Kaiser erhoben hatte. Es gab auch eine deutsche Nation. Aber gab es eine nationale deutsche Bühne? Ein Theater, das es verstanden hätte, repräsentativ die Theaterkunst, die dramatische Dichtung der Deutschen zu pflegen und zu fördern? Versuche und Ansätze dazu wurden in den Jahren vor 1848 immer wieder unternommen. Aber diese vom Bürgertum getragenen Versuche blieben wie seine Revolution im Keime stecken.

Nein, eine solche Bühne gab es nicht und sollte es noch lange nicht geben. Die Idee eines bürgerlichen deutschen Nationaltheaters und der deutsche Nationaltheater-Idealismus lagen zwar auch der Gründungsidee des Deutschen Theaters in der Schumannstraße zugrunde. Aber — und damit sind keineswegs die künstlerischen Leistungen dieser Bühne in Frage gestellt — herausgekommen ist, wie wir noch sehen werden, zunächst eine finanzträchtige Aktiengesellschaft, die sich bald verkrachte. Das war die eine Seite. Die andere: Der Begriff »national« wurde nach 1871 rein hohenzollerisch verstanden. Und eine das Hohenzollern-Geschlecht verherrlichende Pseudodramatik blühte auf — nicht nur an den Berliner Hofbühnen, sondern auch an vielen anderen Theatern in Deutschland. Stellvertretend für die

Autoren solcher Stücke seien hier Felix Dahn und Ernst von Wildenbruch genannt.

Über die finanzielle Basis zur Verwirklichung der deutschen Nationaltheater-Idee lesen wir bei Raeck: »Nach seinen [Friedmanns — A. D.] Vorschlägen sollte die Kaufsumme — 1 440 000 Mark — für Grundstücke, Gebäude und fundus instructus in zehn ideelle Anteile zerlegt werden, die auf die Sozietät entfallen. Jeder Anteil stellte einen Wert von 144 000 Mark dar, auf den je 25 000 Mark bar eingezahlt wurden. Zwei solche Anteile sollten dann in zehn Unteranteile von je 5000 Mark zerlegt werden«[8], wodurch — nun Friedmann original — »die Gewinnung von solchen Schauspielern erleichtert werden soll, von deren Sozietät und künstlerischer Mitwirkung das Deutsche Theater zu Berlin besondere Förderung und Vorteile erwarten zu können glaubt«[9]. Verhandlungen mit den Schauspielerinnen Clara Ziegler und Franziska Elmenreich zerschlugen sich. Es blieb bei der Männer-Sozietät.

Adolph L'Arronge

Dieser hochbegabte Mann war, nachdem er im Jahre 1878 seine über vier Jahre während Direktionstätigkeit an dem geachteten Lobe-Theater Breslau (heute Wrocław) aufgegeben hatte, nach Berlin gekommen, wo er sich zunächst eine Wohnung am Halleschen Ufer 28 nahm. Später kam dann eine pompöse Villa in Neubabelsberg hinzu. Er konnte sich das leisten. Mit seinen Volksstükken[10] »Mein Leopold« (1873) und »Hasemanns Töchter« (1877), beide im Berliner Wallner-Theater uraufgeführt, hatte er es zum reichen Mann gebracht. Dazu kamen Stücke wie »Doktor Klaus« (1878), »Wohltätige Frauen« (1879), »Der Compagnon« (1880) und »Das Heimchen« (1883), die ebenfalls Serienerfolge waren. Als sich im Jahre 1872 Deichmann jr. von der Leitung des Friedrich-Wilhelmstädtischen Theaters zurückgezogen hatte und das zum Operetten-Theater umgewandelte Haus in der Schumannstraße an das bereits erwähnte Konsortium Hoffmann & Co. übergegangen war, ahnte L'Arronge noch nicht, wie bald er in nähere Beziehung zu diesem Hause treten würde.

In seinem Testament hatte Hoffmann festgelegt, daß nach seinem Tode das Haus verkauft werden sollte. Das Angebot erging an den erfolgreichen Stückeschreiber, und Adolph L'Arronge wurde der neue Hausherr. Die Kaufsumme betrug 900 000,-- Mark; der Kaufvertrag ist aus dem Jahre 1881 datiert. Aber noch waren L'Arronges Pläne zur Weiterführung des Hauses nicht ausgereift. Sein einstiges kleines Breslauer Theater konnte dafür kein Vorbild sein und die Hofbühne am Gendarmenmarkt schon gar nicht.

Er ließ sich Zeit. Im Herbst 1881 verpachtete er erst einmal das Gebäude für fünf Jahre an den versierten Operettenmann aus Hamburg Julius Fritzsche (1844–1907). Doch bereits 1882, nach Ablauf des zweiten Jahres, kündigte L'Arronge den Pachtvertrag. Fritzsche mußte das Haus räumen und gründete in der Chausseestraße sein Neues Friedrich-Wilhelmstädtisches Theater, das er am 3. Oktober 1883 mit der von Johann Strauß selbst dirigierten Uraufführung von »Eine Nacht in Venedig« eröffnete. Dieser Operette war, wie die Berliner Presse meinte, ihres »albernen Textes« wegen kein rauschender Erfolg beschieden. Um so erfolgreicher waren jedoch »Der lustige Krieg« von Strauß und Millöckers »Bettelstudent«. Dieses Theater wurde für viele Jahre *die* Operettenbühne Berlins.

»Berlin, den 8. October 1882
An das Königliche Polizei-Präsidium
hierselbst
III. Abteilung

Die ergebenst unterzeichnete Direction des in der Gründung begriffenen ›Deutschen Theaters zu Berlin‹ ist Eigenthümerin des hierselbst in der Schumann Straße No. 12, 12a, 14 und 16 belegenen, das derzeitige Friedrich-Wilhelmstädtische Theater umfassenden Grundstück-Complexes. Dieselbe beehrt sich, an das Königl. Polizei-Präsidium die nachstehende Anfrage zu richten.

Es wird beabsichtigt auf dem benannten Grundstücks-Complexe an Stelle des zur Zeit daselbst bestehenden Sommer-Theaters, des Tanzsaales und der Nebenräumlichkeiten, sowie des Vorderhauses No. 14, unter Abbruch dieser Baulichkeiten wie-

Julius Fritzsche

durch die hierbeigehende Situations- und Grundriß-Skizze dar-
gestelltes neues Theater-Gebäude mit Zubehör zu erbauen. Das
neue Theater soll durchweg feuersicher, vorwiegend aus unverbrennlichem Material, mit massiven Wänden, Bedachungen und
einem Ausbau in Eisenconstruktion errichtet werden, keine Gas-,
sondern eine jede Feuersgefahr ausschließende elektrische Beleuchtung erhalten und in vier Rängen vertheilt, Raum für 1 500
bis 1 600 Zuschauer bieten. Allen sonstigen Vorschriften der Bau-
polizei-Ordnung im Allgemeinen und der für Theater-Gebäude
im Besonderen erlassenen Bestimmungen soll bei dem Neubau
vollauf Rechnung getragen werden, desgleichen soll auch die in
dem unverändert zu erhaltenden jetzigen Friedrich-Wilhelmstädtischen Theater befindliche Gasbeleuchtung zur Vermehrung der
Feuersicherheit in dem Gebäude durch eine elektrische Erleuch-

An
das Königliche Polizei Präsidium
hierselbst
III.te Abtheilung,

Die ergebenst unterzeichnete Direction des in der Gründung begriffenen „Deutschen Theaters zu Berlin" ist Eigenthümerin der Häuser 16 a in der Schumann Straße No 12, 12a, 14 und 16 belegenen, das dasige Friedrich Wilhelmstädtische Theater umfassenden Grundstücks Complexes. Dieselbe erlaubt sich an das Königl. Polizei Präsidium die nachstehende Anfrage zu richten.

Es wird beabsichtigt auf dem benannten Grundstücks Complexe an Stelle des zur Zeit daselbst bestehenden Sommer Theaters, des Tanzsaales und der Nebenräumlichkeiten, sowie des Vorderhauses No 14, unter Abbruch dieser Baulichkeiten ein doch die hierbeigehende Situations und Grundriß-Skizze dargestellt bei unserm Theater Gelände neu höher zu erbauen. Das neue Theater soll durchweg feuersicher, errichtet aus unverbrennlichem Material, mit massiven Mauern, Bedachungen und innerer Ausbau in Eisen construktiv errichtet werden, keine Gas sondern nur elektrische Beleuchtung erhalten und in vier Rängen enthalten Raum für 1500 bis 1600 Zuschauer bieten. Allen sonstigen Vorschriften der Baupolizei –

Ordnung

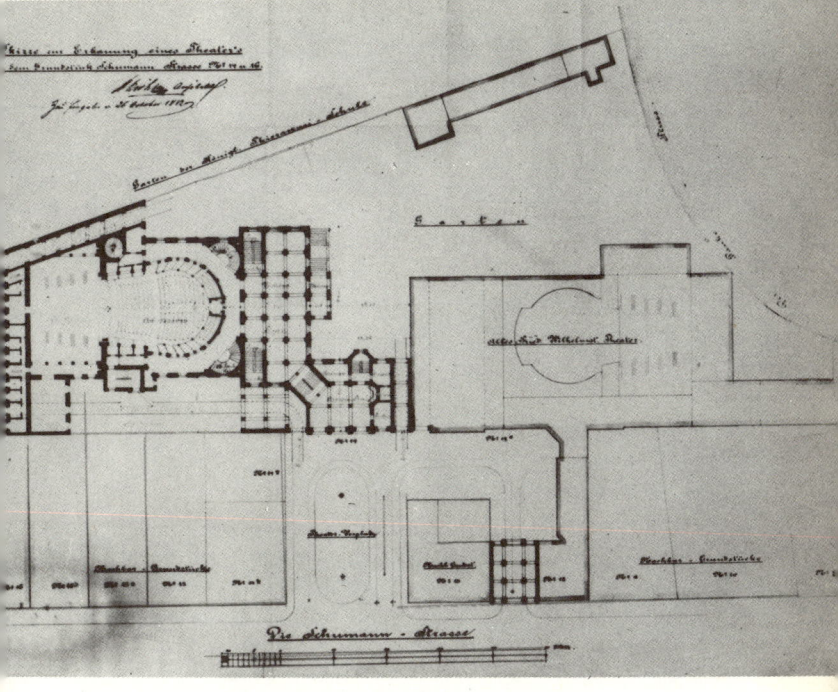

Grundriß-Skizze zu L'Arronges Eingabe vom 8. Oktober 1882

tung ersetzt werden. Das definitive Bauprojekt für den beabsichtigten Neubau soll unverzüglich eingereicht und der baupolizeilichen Genehmigung unterbreitet werden.

Mit Rücksicht darauf aber, daß bei Bau-Consensen für Theater gg. außer der dritten (Bau) Abtheilung beim Königlichen Polizei-Präsidium auch noch die erste Abtheilung bezüglich der Verkehrs-Frage und die Königliche Feuerwehr interessiert ist, erlaubt sich die ergebenst unterzeichnete Theater-Direction vor Inangriffnahme der umfangreichen und zeitraubenden Arbeit der Aufstellung des Bau-Entwurfs die nachstehende prinzipielle Vorfrage zu stellen:

›Kann das nach den hier beigefügten Seiten und Grundriß-Skizze, unter Erhaltung der räumlichen Abmessung im Großen

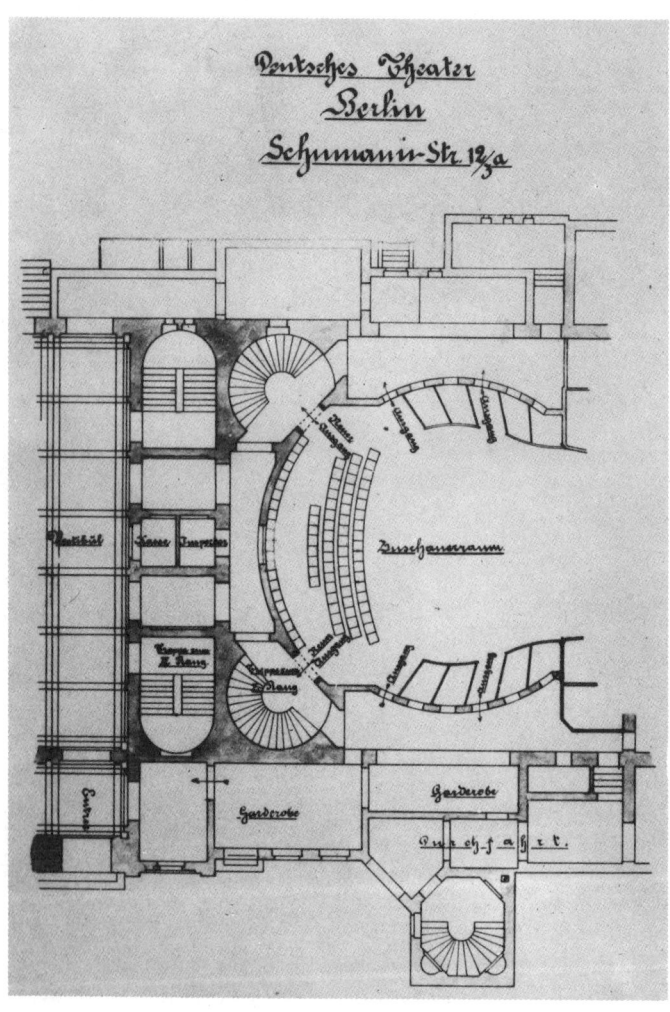

Ein späterer Grundriß

und Ganzen aufzustellende Projekt eines Neubaues für das Deutsche Theater zu Berlin auf den Grundstücken Schumannstraße No. 14 u. 16, gg. unter Hinweis auf das Obengesagte, auf die Genehmigung Seitens des Königlichen Polizei-Präsidiums zählen, eventl: welchen besonderen Anforderungen durch die polizeilicherseits noch an die Ausführung geknüpft werden?‹

Ein Hohes Königl. Polizei-Präsidium würde die Unterzeichneten durch hochgeneigte schleunigste Beantwortung der in Obigem gestellten Vorfrage zu größtem Dank verpflichten, und zeichnet dieselbe in vollkommenster Hochachtung.

Für die Societät des Deutschen Theaters zu Berlin

Adolph L'Arronge

SW — Hallesches Ufer 28«[11]

Diesen Brief können wir als erstes amtliches Dokument zur Gründungsgeschichte einer Bühne betrachten, die den Namen Deutsches Theater trägt. Zu diesem Brief von 1882 äußerte sich der Schauspieler Siegwart Friedmann wie folgt:

»Im Herbst desselben Jahres, während ich ein Gastspiel in Berlin absolvierte, waren zu demselben Zweck Possart in Magdeburg, Barnay in Breslau, Friedrich Haase hielt sich in einem Badeort bei Braunschweig auf. Mit jedem Tag kam ich immer mehr zu der Überzeugung, daß aus dieser reich begabten schauspielerischen Garde sich wohl eine Anzahl von ausgeprägten künstlerischen Individualitäten vereinigen lassen müsse, die Mut, Begeisterung, Tatkraft, Unternehmungsgeist und auch Geld genug besäßen, um das Deutsche Theater zu begründen. Ich traf mich mit Possart und rückte mit meinem Plan heraus. ›Das ist eine gute Sache, da gehe ich mit.‹ Ich schlug Possart vor, sofort zu L'Arronge zu eilen. Dieser hatte kurz zuvor das Friedrich-Wilhelmstädtische Theater gekauft, und die Möglichkeit, gleich ein eigenes Theatergebäude in Besitz zu haben, erschien mir wichtig. Possart ging zu L'Arronge und berichtete mir nach dem Besuch, L'Arronge sei Feuer und Flamme für die Idee und ich solle sofort zu ihm kommen. Ich eilte nach dem Halleschen Ufer, wir saßen von Nachmittag bis tief in die Nacht zusammen und kamen zu bestem Einvernehmen.«[12]

Doch Possart sprang nach anfänglicher Begeisterung bald ab, um seine Münchner Pläne — er wurde dort Schauspieldirektor und später Generalintendant der Hofbühnen — zu verwirklichen. In seinen »Erinnerungen« vermerkt Ludwig Barnay:

»Possart, der Werbeoffizier für das neue Unternehmen, hatte sich über Nacht anders besonnen; er, auf dessen Ruf hin wir zugesagt hatten, erklärte plötzlich seinen Rücktritt und bezahlte dafür an die Sozietät ein Pönale [Strafgeld] von siebzehntausendfünfhundert Mark. — Damit hatte mein Beitritt zu der Sozietät eigentlich seine grundlegenden Voraussetzungen eingebüßt, denn Possart, der erfahrene Schauspieler, der erprobte tüchtige Regisseur, der sein bedeutendes Direktionstalent auch bei den Münchner Musterspielen glänzend bewährt hatte, war der Mann, dem man seine künstlerische Zukunft anvertrauen wollte und konnte, während wir von L'Arronge weiter nichts wußten, als daß er einige erfolgreiche Volksstücke geschrieben und eine Zeitlang ein Vorstadttheater in Breslau, das ›Lobe-Theater‹ ganz annehmbar geführt hatte.«[13]

In den Akten des Königlichen Polizei-Präsidiums zu Berlin befindet sich das nachstehende Gesuch L'Arronges »zum Betreiben des Gewerbes als Schauspiel-Unternehmer«:

»Berlin, den 11. Mai 1883

An das
Königliche Polizei-Präsidium zu Berlin

richtet der Endesunterzeichnete das ergebenste Gesuch, ihm die Erlaubniß zum Gewerbebetrieb als Theaterunternehmer ertheilen zu wollen, und zwar für das jetzige Friedrich-Wilhelmstädtische Theater in Berlin, Schumannstraße 12a, welches in den letzten Tagen des Septembers d. J. als *Deutsches Theater zu Berlin* unter der Gesammtleitung der Herren Friedrich Haase, Ludwig Barnay, Siegwart Friedmann, Dr. August Förster und unter spezieller Direktion des Unterzeichneten, eröffnet werden soll.

Einem Königl. Polizei-Präsidio gehorsamst ergebener

Adolph L'Arronge
Hallesches Ufer 28«[14]

Dieses Aktenstück trägt zwei Vermerke: Erstens, daß über L'Arronge keine Akten vorhanden wären, und zweitens, daß das Gesuch der Abteilung zum Betrieb des Gewerbes für Schauspielunternehmer zuzuweisen sei.

Adolph L'Arronge, der die Meininger Truppe, die des Herzogs von Meiningen, des öfteren gesehen hatte, bekannte:

»Der Eindruck aber, den die Darstellungen der Meininger auf mich gemacht haben, ist ein bleibender geworden, und der Wunsch, das, was sie mich gelehrt, weiter auszubauen, an solchem Werk meine eigene Kraft zu erproben, hat mir später den Mut gegeben, im Verein mit verschiedenen bedeutenden Bühnenkünstlern die Begründung des Deutschen Theaters zu Berlin zu wagen.«[15]

Eine Aktiengesellschaft

Unter der Firma »Aktiengesellschaft Deutsches Theater zu Berlin« trat, nachdem die polizeilichen Genehmigungen vorlagen (und sie lagen sehr rasch vor), das Unternehmen in die Reihe der Berliner Schauspielbühnen ein. Das war im Jahre 1883. Wenige Jahre darauf sprach man von der »Theaterstadt Berlin«. Angeregt durch das Beispiel Deutsches Theater entstanden 1888 zwei neue Bühnen, die sich vorwiegend der Pflege des Schauspiels verschrieben: In der Charlottenstraße übernahm Ludwig Barnay (nachdem er 1884 das Deutsche Theater verlassen hatte und einige Jahre ein unstetes Wanderleben als Rollen-Virtuose geführt hatte) das herabgewirtschaftete einstige Walhalla-Theater, das er nunmehr am 16. September 1888 als Berliner Theater mit Schillers »Demetrius«-Fragment eröffnete. Das gleiche Jahr sah den Neubau des unter Oskar Blumenthal am Friedrich-Katl-Ufer errichteten Lessing-Theaters, das dann in der Zeit zwischen 1905 und 1912 unter der Direktion von Otto Brahm in die erste Reihe der deutschen Schauspielhäuser vorrückte.

In seinem 1896 erschienenen Buch »Deutsches Theater und deutsche Schauspielkunst« schrieb L'Arronge: »Die Begründung des Deutschen Theaters war damals in Berlin ein Bedürfnis, und die Voraussetzung, daß mir die Teilnahme des Publikums [...] nicht fehlen würde, hat sich vollauf bestätigt. Ich kann sogar heute mit Genugthuung konstatieren, daß das Beispiel des Deutschen Theaters viel stärkere und einflußreichere Wirkung auf die Bühnenzustände in Berlin hervorgerufen hat als vordem die Mei-

Das erste Signet des Deutschen Theaters

ninger; namentlich hat das Königliche Schauspielhaus sich seiner
Pflichten viel ernster und strenger angenommen. Der Reiz der
Aufführungen ernster Dichtwerke dort liegt nicht mehr bloß in
der Einzelleistung dieses oder jenes Künstlers, sondern in der
Wirkung des Ganzen.«[16] Hier spielt L'Arronge (wie später auch
der Schauspieler Eduard von Winterstein) darauf an, daß man
zum Gendarmenmarkt nur noch gehe, um Matkowsky oder
einen anderen großen Protagonisten zu sehen.

Ein von Friedmann verfaßtes und nach endlosen Debatten von
den Sozietären gebilligtes Paragraphenwerk kam zustande. Da
gab es eine Geschäftsordnung für den Vorstand und eine für den
Aufsichtsrat. Die Höhe von 25 000 Mark pro Sozietät wurde
ebenso fixiert wie das Faktum, daß Adolph L'Arronge innerhalb
des Aktienpaketes zwei Anteile erhalten sollte. Ein Finanzkomi-
tee und ein Lesekomitee wurden gegründet. Folgende Tantie-
menbestimmung wurde festgelegt: 10 Prozent für ein Stück von
vier bis fünf Akten, welches den Abend ausfüllt – 7 Prozent für
einen Dreiakter, der den Abend nicht ausfüllt – für ein zweiakti-
ges Stück, das nicht abendfüllend war, erhielt der Autor 5 Prozent und Einakter kamen über 3 Prozent nicht hinaus. Jedoch
war es dem Aufsichtsrat vorbehalten, die Tantiemen höher oder
niedriger anzusetzen. In den Hausregeln für die Schauspieler war
folgender Passus enthalten: »Verbeugen vor dem Vorhang ist bei
Klassiker-Aufführungen unstatthaft. Bei modernen Stücken tre-

64

Deutsches Theater

und

Deutsche Schauspielkunst.

Von

Adolph L'Arronge.

Zweite Auflage.

Berlin 1896.
Concordia Deutsche Verlags-Anstalt.

ten lediglich der Dichter und evtl. Gäste vor den Vorhang. Tote sind vom Verbeugen ausgeschlossen.«[17] (Eine Anordnung, die in ihren Grundzügen auch später bei Otto Brahm Gültigkeit hatte.) Später, als sich die Gesamtleitung des Hauses in den Händen von L'Arronge befand, bekannte er: »Als ich das Deutsche Theater leitete, bestand mein Hausgesetz aus vier bis fünf Paragraphen; trotz dieser geringen Paragraphen war mein Verhältniß zu meinen Mitgliedern ein derartiges, daß ich in den zehn Jahren meiner direktorialen Tätigkeit niemals eine Strafe zu verhängen brauchte.«[18]

Die Eröffnungsvorstellungen

»Zum Andenken an die einmütige Erhebung des deutschen Volkes und an die Wiederaufrichtung des Deutschen Reiches.« — So steht's heute noch zu lesen an dem von dem Dresdner Bildhauer Johannes Schilling geschaffenen Denkmal auf dem Niederwald am Rhein. Es wurde enthüllt am 28. September 1883.

> Thalia und Melpomene, ihr Hohen!
> Schaut uns ins Herz! Da seht ihr Flammen sprühn,
> Seht ernsten Willen, seht Begeisterung lohen
> Und lautre, unverzagte Wünsche glühn.
> Uns irrt nicht Zweifel, nicht der Zeiten Drohen,
> Weil Muth und Hoffnung in uns allen blühn,
> Wie *ein* Gedanke, *einem* Haupt entsprungen,
> Hält uns der Eintracht festes Band umschlungen.[19]

Das sind Verse aus dem von der Schauspielerin Hedwig Niemann-Raabe am 29. September 1883 — also einen Tag nach der Enthüllung jenes Denkmals — im Deutschen Theater gesprochenen Prolog, mit dem die Eröffnungsvorstellung »Kabale und Liebe« eingeleitet wurde. Die Vorstellung soll fünf Stunden gedauert haben und hatte folgende Besetzung: Ferdinand: Josef Kainz; Luise: Jolanthe Ramazetta; Lady Milford: Anna Haverland; Miller: August Förster; Präsident: Ludwig Barnay; Wurm: Siegwart Friedmann; Hofmarschall v. Kalb: Friedrich Haase; Kammerdiener: Paul Nollet.

Josef Kainz als Ferdinand in Schillers »Kabale und Liebe«

In der »Vossischen Zeitung« vom 1. Oktober begann der damalige Theaterkritiker Otto Brahm seine Rezension mit den Worten: »Keine glücklichere Wahl zur Eröffnung ihrer Bühne hätten die Unternehmer des Deutschen Theaters treffen können als jene von ›Kabale und Liebe‹, des populärsten deutschen Dramatikers wirksamste Schöpfung.«[20] Als der Kritiker Brahm diese Worte schrieb, konnte er allerdings nicht ahnen, daß ihm, als er elf Jahre später Hausherr in der Schumannstraße wurde, gerade »Kabale und Liebe« einen eklatanten Mißerfolg bescheren würde (vgl. S. 104).

Bereits am 2. Oktober folgte Lessings »Minna von Barnhelm«. Hier wußte Brahm neben viel Lobenswertem zu vermelden, daß die Darstellerin der Titelrolle sich ihre »unerträglich hohen Fisteltöne« abgewöhnen solle.²¹ Außerdem war ihm die Minna zu jung; sie »soll aussehen wie einundzwanzig, aber nicht einundzwanzig sein. [. . .] eine Anfängerin darf in einem ersten Theater nicht spielen.«²² Diese Anfängerin mit den »hohen Fisteltönen« werden wir in der Schumannstraße noch öfter antreffen; populär wurde sie später durch einen tiefen Kontra-Alt, ja nahezu mit männlichem Baß — sie hieß Adele Sandrock.

Tags darauf folgte Goethes »Iphigenie auf Tauris«. Über der Vorstellung schien, wie Brahm zu berichten weiß, »zuerst ein Unstern walten zu wollen. Der Gott des Hustens und der Heiserkeit ging zürnend im Haus um. Aber«, so fährt Brahm fort, »über dem Zauber der Goetheschen Verse und einer beseelten Darstellung verwand man zum Glück diese tückischen Hemmungen bald. Lebendig wie selten trat das Werk vor uns hin.«²³ Die nun einsetzende intensive Klassiker-Pflege hatte zur Folge, daß das Deutsche Theater für einige Jahre das Wiener Burgtheater überbot.

Der Spielplan

Bevor über den Verfall der Sozietät berichtet werden soll, sei hier eine gedrängte Übersicht des Repertoires während der elfjährigen Direktionszeit von L'Arronge gegeben. Man warf ihm des öfteren vor, daß er — so der Theaterkritiker der »Nationalzeitung« Eugen Zabel — »die Toten auf Kosten der Lebendigen berücksichtige«, daß dem Deutschen Theater — und dieser Meinung war auch Otto Brahm — es an »planvoller literarischer Führung gemangelt habe«. Und in einem Rückblick auf die Spielzeit 1889/90 heißt es wiederum bei Zabel: »Es will uns scheinen, als hätte sich das Hin- und Herpendeln zwischen Klassik und Konversation nachteilig für diese Spielzeit ausgewirkt, vor allem, weil der Mut zum Experiment fehlte.«²⁴

Dazu ist einiges zu sagen: Richtig ist, die Klassik der Welt fand in elf Jahren mit nahezu fünfundvierzig Stücken einen bedeutenden Niederschlag: Lope de Vega, Calderón, Molière und nicht zuletzt Shakespeare waren ebenso vertreten wie Lessing, Schiller, Goethe, Kleist und Grillparzer. Als wesentliche Beispiele für die Klassiker-Pflege seien hier nur die von Ludwig Barnay für zwei

Spielabende eingerichtete »Don Carlos«-Inszenierung sowie der von L'Arronge besorgte, ebenfalls in mehrere Abende aufgeteilte »Faust« von 1887 angeführt. Solche in mehrere Abende aufgeteilte Klassiker-Vorstellungen treffen wir in der damaligen Zeit öfter an. Über die dramaturgischen Notwendigkeiten würden wir heute anders urteilen; damals war man dazu genötigt, um eine Überbelastung des technischen Apparates zu vermeiden.

L'Arronge und seinen damaligen Sozietären, besonders Friedmann, war es darum zu tun, vom Geist der Dichtung beseeltes, dem bürgerlichen Nationaltheater-Gedanken verpflichtetes Theater zu spielen. L'Arronge erreichte, was Deichmann jr. vergeblich angestrebt hatte, nämlich: »die höheren Stände« in sein Theater zu bekommen. Das Deutsche Theater wurde zum Theater des gehobenen Berliner Bürgertums.

Was nun die moderne Dichtung anbelangt, traf der Vorwurf, keinen Mut für Experimente gehabt zu haben, nur bedingt zu. Strindberg, der sich in Deutschland erst durchsetzen mußte, finden wir bei L'Arronge noch nicht, dagegen zwei Stücke von Ibsen, »Die Stützen der Gesellschaft« (1887) und »Nordische Heerfahrt« (1890). Brahms Aufforderung in der »Vossischen Zeitung« vom 2. Februar 1884, »Gespenster« zu spielen, kam L'Arronge nicht nach. Damals schrieb Brahm mit Anspielung auf den Mut eines Kopenhagener Privattheaters: »Sollte sich in Berlin keine Bühne finden, die den Mut hat — denn Mut gehört allerdings dazu —, nach dem gleichen ehrenvollen Siege zu streben? Hier wäre, wenn ich seine Pflichten recht verstehe, eine Aufgabe für das Deutsche Theater, deren Lösung reiche Anregung nach allen Seiten verspricht; und die Besetzung wäre leicht geschehen: die Mutter müßte Frl. Haverland spielen, Pastor und Tischler wären Friedmann und Förster, Regine Frl. Sorma und der Sohn — selbstverständlich Kainz.«[25]

Ibsens »Gespenster« — nein, das war kein Stück für den Hausherrn in der Schumannstraße. Psychologisches Theater mochte er nicht, das ging über seinen biederen Bürgersinn. Sein Theater bot jedermann verständliche Klassik; hier hörten seine literarischen Ansprüche, von wenigen Fällen abgesehen, auf. Die Gegenwärtigen, die er im Spielplan hatte, brave Stückeschreiber wie er selbst, genügten ihm, um »modern« zu erscheinen. Die beiden erwähnten Ibsen-Stücke waren seine größte Konzession an die Moderne. Auch fehlte dafür — und L'Arronge hatte das richtige Gespür — seinem auf Klassik eingeschworenen Ensemble der notwendige Darstellungsstil. Zu sehr dominierten bei ihm einerseits die Erhabenheit der Klassiker-Sprache, andererseits der Ton der Konversations- und Volksstücke. Ein wesentliches Moment für den im Grunde recht braven Spielplan ist auch in dem bis 1890 in Kraft befindlichen Sozialistengesetz und der damit verbundenen Zensur zu erblicken. Mit den sich zu Ende seiner Direktionszeit mehr und mehr verbreitenden Bühnendichtungen des Naturalismus, wie sie dann speziell vom Verein »Freie Bühne« gepflegt wurden, wußte er wenig anzufangen. Sie blieben ihm fremd, auch wenn er sie gelegentlich spielte. Man täte L'Arronge bestimmt Unrecht, würde man ihn reaktionär nennen; aber seine Liberalität hatte ihre Grenzen. Er war weder ein Stürmer und schon gar nicht ein Dränger nach Neuem, Unbekanntem. Im technischen Bereich allerdings ging er mit der Zeit. Bereits 1887 ließ er in seinem Theater die elektrische Beleuchtung installieren.

Mit den Namen Hebbel, Gutzkow, Laube, Hackländer, Freytag, Anzengruber, Scribe, Sardou, Turgenjew, Heyse und anderen ist ein typisch zeitgenössischer, größtenteils konventionell-epigonaler Spielplan ausgewiesen. Zu jenen Namen, die vielleicht heute noch bekannt sind, gehörten ferner Lubliner, Fulda, Lindau, Wildenbruch, Björnson, Moser, Schönthan, Bernstein, Spielhagen, Wolzogen und Stratz. Gewiß, hier war viel Trivialtheater dabei. Manche Aufführung wurde in zwei bis drei Tagen Probenzeit herausgebracht. Mit seinen eigenen Stücken, die im Grunde eine Fortführung der Berliner Lokalstücke waren, hatte das Löwenhaupt nicht viel Glück; seine Zeit als Autor war in Berlin vorbei, in der Provinz wurde er gespielt wie eh und je. Was einst am alten Friedrich-Wilhelmstädtischen oder am Wallner-Theater gut und richtig war, konnte in den achtziger Jahren dem Deutschen Theater nicht mehr zur Zierde gereichen. Auch unter den vorgenannten Autoren gab es zuweilen Versager. So manches Stück konnte nur, wie es im Theaterjargon so schön heißt, »mit rauschendem Erfolg einmal hintereinander« gespielt werden.

Über einen deutschen Dramatiker, der seit 1889 dem Berliner

Theaterleben ein neues Gesicht, neue Prägung verlieh, über Gerhart Hauptmann, wird später noch ausführlicher zu sprechen sein.

Die Schauspieler

Wer spielte im Deutschen Theater? Die Beantwortung dieser Frage widerlegt Schillers Behauptung, daß die Nachwelt dem Mimen keine Kränze flechte, denn — und hier sind die Frühsozietäre Friedrich Haase und Ludwig Barnay mit eingeschlossen — in den Personallisten des Deutschen Theaters finden wir Namen, die in der Geschichte des Theaters Bedeutung erlangt haben und die von Menschen, denen das Theater eine Herzensangelegenheit ist, auch in unseren Tagen genannt werden. Dies nicht aus nostalgischen Gründen, sondern aus Respekt vor den Leistungen dieser Schauspieler. Nennen wir an erster Stelle, auch wenn sie erst in der achten Spielzeit zum Ensemble in der Schumannstraße gestoßen ist, eine Schauspielerin, die in der Folgezeit eine hervorragende Charakterdarstellerin naturalistischer, insbesondere Hauptmannscher Frauenrollen werden sollte: Else Lehmann. Sie kam in einen Spielkörper, dem auch die heute bereits legendäre Agnes Sorma angehörte, welche von Ludwig Barnay ans Deutsche Theater geholt wurde. Sieben Jahre war die Sorma bei L'Arronge, bis sie wiederum von Barnay an dessen Berliner Theater in der Charlottenstraße wegengagiert wurde. Wir werden dieser einzigartigen Künstlerin später bei Brahm und bei Reinhardt wiederbegegnen.

Dann sei eine Frau genannt, die Jahre später einmal eine wesentliche Rolle in der deutschen Theatergeschichte spielen sollte und als Anfängerin für einige Zeit dem L'Arronge-Ensemble angehörte: Louise Dumont. (Sie war die spätere Leiterin des Düsseldorfer Schauspielhauses, an dem auch Wolfgang Langhoff erste Theatererfahrungen sammeln konnte.) Weiterhin darf Hedwig Niemann-Raabe, diese so vielfältig verwendbare Darstellerin, nicht unerwähnt bleiben, ebenso Teresina Gessner, die Frau des Vollblutschauspielers Otto Sommerstorff. Jolanthe Ramazetta kam von L'Arronge später über Brahm zu Reinhardt. Von Adele Sandrock war schon die Rede. Ein wichtiges Ensemble-

Mitglied war auch Luise von Poellnitz, später ebenfalls eine Vertreterin naturalistischer Frauenrollen.

Und die Männer: In der Eröffnungsvorstellung des Deutschen Theaters, »Kabale und Liebe«, scheint der Darsteller des Ferdinand dem gestrengen Kritiker Otto Brahm nicht gefallen zu haben. Er schrieb: »Der feurige Herr Kainz war Ferdinand; ein Darsteller von mancherlei sehr schätzbaren Gaben, der sich aber durch eine unschöne Mimik um alle Wirkungen bringt. [. . .] Der Schauspieler stelle sich nur einmal vor den Spiegel und agiere sich

Schauspieler des Deutschen Theaters, um 1885:
v. l.: Josef Kainz, Teresina Gessner, Otto Sommerstorff, Max Pohl
Siegwart Friedmann, Anna von Hochenburger und Arthur Kraußneck

Otto Sommerstorff

seinen Ferdinand eine Stunde lang vor: ob ihm nicht selbst dabei schlecht wird?«[26] Nun, dieser Schauspieler mit den »sehr schätzbaren Gaben« wurde bald weltberühmt – vielleicht hat er den Rat von Brahm befolgt. Am Deutschen Theater begann er seinen Siegeslauf. »Und schließlich gelang es der glänzenden Überredungskunst des Herrn Barnay«, so berichtet L'Arronge, »auch Josef Kainz dem Deutschen Theater abspenstig zu machen. Kainz hat den Übertritt ins feindliche Lager wohl bald bereut, aber ich hatte ihn doch verloren, und alles Mühen, für ihn entsprechenden Ersatz zu finden, war vergeblich, so daß ich – wenn auch mit großem Widerstreben – als Kainz seine Konventionalstrafe an Barnay bezahlt hatte und trotzdem noch als ein vom Kartellverein [Verband der Bühnenunternehmer – A. D.] Ausgestoßener an kleinen Bühnen [darunter auch dem Ostend-Theater in der Frankfurter Allee, dem späteren Rose-Theater – A. D.] ein Wanderleben führen mußte, aus dem Bühnenverein austrat, um die

Freiheit zu gewinnen, Kainz wenigstens noch für die letzten zwei Jahre meiner Direktion dem Deutschen Theater wieder zuzuführen.«[27]

Doch über seinen Protagonisten Kainz hinaus verfügte L'Arronge über ein hervorragendes Männer-Ensemble: Georg Engels, der einmal der erste College Crampton in Hauptmanns gleichnamigem Stück werden sollte, war ein erstklassiger und vielbeschäftigter Charakterkomiker, der sich über seine starke Beschäftigung in einem an den Hausherrn gerichteten Brief beklagte: »Morgens Probe, nachmittags lernen, abends spielen, wie soll das weitergehen!«[28] Otto Sommerstorff war eine tragende Stütze des Ensembles, ein Mann des schweren Heldenfaches. Ferner sind zu benennen die Herren Arthur Kraußneck, Max Pategg, Dr. Max Pohl — Namen, denen wir in der Berliner Theatergeschichte immer wieder begegnen. Der Deutsche Bühnen-Almanach des Jahres 1885/86 weist ein Darstellerpersonal von 55 Mitgliedern aus, 34 Herren und 21 Damen.

Carl Ludwig Schleich, Arzt und Schriftsteller, erzählt in seinem einst viel gelesenen Buch »Besonnte Vergangenheit«: »Um jene Zeit wohnte ich in der Schumannstraße 15, die ›Goldene 15‹ genannt, weil sich im Keller des Hauses eine Viktualienhandlung des kleinen buckligen N. N. befand, in deren mehr als dürftigem Hinterstübchen man ausgezeichnet frühstücken konnte. Dies war dann auch der Restaurationstreffpunkt aller Mitglieder des berühmten, damals gegründeten Künstlersozietätstheaters in der Schumannstraße unter Barnay, Förster, Friedmann, L'Arronge, genau an der Stelle des jetzigen Reinhardt-Theaters, nur daß an der Stätte der Kammerspiele damals noch ein weltberühmtes Bums- und Studentenlokal bestand, in dem wir natürlich auch nicht unbekannt waren mit unseren japanischen, spanischen und italienischen Kollegen bei Virchow. Hier in dem Kellerlokal primitivster Einrichtung verkehrte eine ganze illustre Künstlergesellschaft, und ich habe hier Kainz, Pohl, die reizende junge Agnes Sorma, die bildschöne Anna Jürgens, Molenar, Sommerstorff und andere in ihrer ersten Künstler- und Jugendblüte kennengelernt, ja, mit Josef Kainz sogar eine innige Freundschaft geschlossen. Dieser damals noch blutjunge geniale Mensch war auch einmal Mediziner gewesen und ließ sich stundenlang von Obduktionen usw. berichten. [...] Man kann sich kein Bild machen von dem hinreißenden Charme, welcher damals die ganz junge Anfängerin Agnes Sorma umschwebte. Es war das entzückendste Taubenweibchen, das man sich denken konnte. Diese grübchenkichernde Heiterkeit, diese unter allen Umständen bezwingende Güte, dieser Wohllaut der perlenden oder gurrenden Stimme und diese Augeninnigkeit, wogegen die klassische Heroinenschönheit Anna Jürgens' dastand wie eine Säule der Akropolis.«[29]

Das Deutsche Theater ohne Sozietäre

Im Bühnen-Almanach von 1885/86 heißt es: »Sämtliche Sozietäre führen Regie.« Aber deren waren es nur noch drei, nämlich L'Arronge, Dr. August Förster und Siegwart Friedmann. Ludwig Barnay fehlte bereits, auch der Name Friedrich Haase war dort nicht mehr zu lesen. Wie kam es dazu? Es gibt verschiedene Darstellungen. In seinen »Erinnerungen« gibt Barnay ausschließlich L'Arronge die Schuld für den frühen Verfall der Sozietät. Er warf ihm Unkollegialität vor, Theaterschlendrian, Wortbrüchigkeit, Ausnützung seiner besten Kräfte, ansonsten sei nur Mittelmaß, »lauter Mittelgut«,[30] engagiert gewesen und so weiter und so fort. Friedrich Haase verließ das Deutsche Theater, weil er bereits anläßlich der Eröffnungsvorstellung von »Kabale und Liebe« sich durch die »kleine Rolle« des Kammerdieners beleidigt fühlte, die ihm anfangs zugewiesen wurde. Er spielte dann aber, wenn auch glücklos, den Hofmarschall von Kalb, verließ grollend die Schumannstraße, um sich wieder als gastierender Schauspiel-Virtuose zu präsentieren. Über Dr. August Förster, der, wie Theater-Almanache berichten, »biedere, rauhe, polternde, gütige, humoristische und ernste Väter« spielte und auch Regie führte, gibt uns L'Arronge Auskunft: »Der nächste Sozietär, dessen Bitten ich nach langem Widerstand nachgeben mußte, weil er in der ihm angebotenen Stellung als Direktor des Wiener Burgtheaters sein Glück suchte, war August Förster.«[31] Und von dem letzten, der aus der Sozietät ausschied, Siegwart Friedmann, sagte L'Arronge, daß ihm der Abschied von dem Manne, mit dem er sich am freundschaftlichsten verbunden fühlte, am schwersten wurde.

Adolph L'Arronge, Gemälde von Fritz Rhein
Das Bild hing lange Zeit im Foyersaal des Deutschen Theaters,
es gilt heute als verschollen.

Friedmann zog sich ins Privatleben zurück. So war L'Arronge ab
1892 Alleinherr in der Schumannstraße.

»Unter allen unmöglichen und unausführlichen Dingen, die
man bei der Begründung des Deutschen Theaters voraussehen
wollte«, schrieb L'Arronge rückblickend, »hat sich allerdings eine
Prophezeiung bestätigt, nämlich die, daß es mir nicht gelingen
würde, ein Theater als Sozietätsunternehmen zu führen, in welchem verschiedene bedeutende Schauspieler als gleichberechtigte
Teilnehmer mitzusprechen hätten.«[32] (Diese Prophezeiung
stammte vom Generalintendanten der Königlichen Hofbühnen,

Herrn von Hülsen.) Die wohl zutreffendste Einschätzung vom Zerfall des Sozietätsgedankens aber gab Julius Hart, als er schrieb: »Daß die großen Virtuosen der alten Kunst gleich im Anfang die Flucht ergriffen, ist der Sache wohl nur von Vorteil gewesen. Ein ungesunder Zug von Effekthascherei, Überraschung und Überladung trat zu Beginn des Deutschen Theaters oft genug hervor. Man spielte so mit einer Art Gesamtdramaturgie, die das Widerstrebendste, Virtuosentum, Meininger und Laubeschen Stil miteinander zu vereinigen trachtete. Und es lief auf Koketterie, auf eine prahlerische Schaustellung hinaus, wenn man in einer untergeordneten Rolle einen von den Berühmten herausstellte.«[33] Damit hatte Julius Hart den Nagel auf den Kopf getroffen — die durch spätere Theaterpraxis erworbene Erkenntnis vorwegnehmend —, daß eine Handvoll bester Schauspieler noch kein Ensemble bildet.

»Am 30. Juni 1894«, so vermerkte Kurt Raeck, »brachte die letzte Vorstellung unter L'Arronge eine Zusammenstellung von Szenen aus den denkwürdigsten Inszenierungen der Epoche und damit einen Überblick über die Stilentwicklung dieser Bühne.«[34] Nochmals waren Szenen aus jener denkwürdigen zweiteiligen »Don Carlos«-Inszenierung von Barnay zu bewundern, noch einmal lachte und weinte man mit dem Schuster Weigel, dessen einzige Passion sein Sohn Leopold war, nochmals galt das Entzükken der Zuschauer den Schleier-Feerien des zweiten Teils vom »Faust«. Eine Epoche war zu Ende. Und weiter Raeck: »Er fühlte bereits, wie die jüngeren Kräfte sich allmählich durchsetzten, wie ein neuer Stil, eine neue literarische Richtung emporkam, zu der er innerlich doch kaum Beziehung hatte.«[35]

Es war wiederum Paris, das die Anregung zur Gründung einer neuen Berliner Bühne gab, das Théâtre Libre des André Antoine-[36] wurde zum Vorbild des 1889 gegründeten Vereins »Freie Bühne«, dem die Durchsetzung des naturalistisch-realistischen Theaterstils zu verdanken ist. Es ist vielleicht bezeichnend für den klugen L'Arronge, daß er sein Theater dann dem Wortführer dieser ihm eigentlich fremden Bewegung überließ. Sein Name: Otto Brahm.

In seiner Rede, gehalten nach jener bunten Abschiedsvorstellung am 30. Juni 1894, führte L'Arronge aus: »Die vorrückenden

Jahre haben ihren Mahnzettel auch bei mir abgegeben; ich überlasse daher mein Theater einer jungen Kraft und vielleicht neuen Zielen; jedenfalls aber — und das war das Entscheidende für mich bei der Wahl meines Nachfolgers — solchen Zielen, die durch ernste künstlerische und literarische Erwägungen bestimmt sein werden.«[37] Das waren schon prophetische Worte. L'Arronge wußte wohl, was er seiner Zeit gegeben hatte, aber auch, was er ihr nicht zu geben vermochte. Revolutionäres Aufbegehren, Spürsinn für Kommendes, das war ihm nicht eigen. Zähigkeit, Beharrlichkeit sagte man ihm nach; auch sind soziale Theaterreformen, wie bezahlter Urlaub, zehnmonatige Spielzeiten, seiner Initiative zu verdanken.

L'Arronge schuf die einzige Schauspielbühne in Berlin, der in den Jahren vor 1890, bevor die Freie Bühne auf den Plan trat, echte künstlerische Bestrebungen zuzuschreiben waren — Bestrebungen, eingefügt in einen bestimmten Rahmen, für bestimmte Zuschauer. Er schuf das Fundament des Gebäudes, das »Deutsches Theater« heißt. Das ist nicht nur im baulichen Sinne zu verstehen. Auch wenn die Entwicklung in diesem Hause dann andere Wege ging, gehen mußte, er schuf das Deutsche Theater als ein künstlerisches Institut, dem in seiner Zeit Bewunderung zu zollen war.

Der junge Hauptmann
und das Deutsche Theater

Am 25. Oktober 1884, ein Jahr nach der Gründung des Deutschen Theaters, sandte ein junger Adept der Schönen Künste, der sich soeben entschlossen hatte, die Bildhauerei aufzugeben und sich ganz der Dichtkunst zu verschreiben, sein dramatisches Gedicht »Das Erbe des Tiberius« an Direktor Adolph L'Arronge. Die Sendung kam aus Hohenhaus, einem alten Landsitz an den Abhängen der Lößnitz bei Zitzschewig in der Nähe Dresdens. Der kaum zweiundzwanzigjährige Absender war L'Arronge und seinem Dramaturgen Moritz Ehrlich völlig unbekannt. An Historien-, zumal an Römerdramen herrschte im Gefolge Felix Dahns kein Mangel. Und so erhielt der junge Autor sein Opus mit höf-

Der junge Gerhart Hauptmann

lichem Dank zurück. Ungebrochenen Mutes sandte er es an das Oldenburgische Hoftheater, dessen Direktor Otto Devrient war. Dort ist das Stück verschollen, ob zum Schaden für die deutsche Literatur und Bühnenkunst bleibe füglich dahingestellt.

Jener jugendliche Einsender machte sich wenige Wochen später auf den Weg nach Berlin, um sich an der Universität immatrikulieren zu lassen. Unter den Professoren, bei denen er hörte, waren große Namen: der Archäologe Ernst Curtius, der Physiologe Emil Dubois-Reymond, der Historiker Heinrich von Treitschke. Für seine spätere Entwicklung wichtiger als die Vorlesungen wurden jedoch die Eindrücke, die ihm das Konzert- und Theaterleben Berlins vermittelte. Später bekannte er:

»Weil sich Berlin wie ein ungeheurer, rätselhafter, düsterer Wirbel vor meine Seele gedrängt hatte, zog es mich unwiderstehlich dorthin. Dort mußte man schwimmen, kämpfen, bestehen lernen – oder man mochte untergehen. [. . .] Damals war in Berlin das Deutsche Theater in der Schumannstraße gegründet worden, gedacht als eine Stätte klassischer deutscher Bühnenkunst und wirklich als solche lebendig gemacht. In seine Sphäre stiegen wir aus den Bierwinkeln banalen Stumpfsinns immer wieder auf und erfuhren ähnliche Läuterungen wie anderwärts im Gebiet der Musik.

Für mich hat das Deutsche Theater noch eine ganz andere Bedeutung gehabt: nämlich die einer hohen Schule. Eine Bildungsstätte eben jener Kunst, der ja meine ganzen Neigungen und Bemühungen seit langem zustrebten [. . .]. Förster, Friedmann, Kainz hießen die großen Darsteller, die ich sah, Agnes Sorma, die Jürgens und die Gessner standen in ihrer Blüte.

Hohe Feste waren es, die damals im Deutschen Theater gefeiert wurden. ›Romeo und Julia‹ war eines davon. [. . .]

In dieser nahen Beziehung zum Deutschen Theater, das wir mit Studentenbilletts zu ermäßigten Preisen oft besuchen konnten, sammelte sich das Ganze hie und da früher aufgenommener theatralischer Eindrücke.«[38]

Der Kunstjünger, der einer damals noch jungen Bühne bescheinigte, sie sei seine »hohe Schule« gewesen, war niemand anderes als Gerhart Hauptmann (1862–1946). Seine Begegnung mit der Schauspielkunst mag nicht unwesentlich dazu beigetragen haben, daß er sich in Berlin und dann vor allem in den Jahren 1885 bis 1889, die er vor den Toren der Stadt in dem Industrieort Erkner verbrachte, von einer klassizistisch-epigonalen Schreibweise ab- und einem »konsequenten Realismus« zuwandte, der ihn kaum fünf Jahre später, nach dem Durchbruchserfolg seines Dramas »Vor Sonnenaufgang« an die Spitze der jungen literarischen Bewegung stellte.

Die Premiere dieses Stückes, am 20. Oktober 1889, konnte nur in einer geschlossenen Vorstellung stattfinden, für die der Verein Freie Bühne das kurz zuvor errichtete Lessing-Theater gemietet hatte. Auch Hauptmanns zweites Stück, »Das Friedensfest« (1890), konnte zunächst nur in einer geschlossenen Aufführung gezeigt werden. Es war jedoch das Verdienst Adolph L'Arronges und des Deutschen Theaters, Hauptmanns nächstem Stück den

Else Lehmann als Frau Vockerat
in »Einsame Menschen« von Gerhart Hauptmann

Weg in die Öffentlichkeit geebnet zu haben. Nachdem »Einsame Menschen« am 11. Januar 1891 zunächst durch die Freie Bühne im Residenztheater uraufgeführt worden war, zeigte es L'Arronge bereits zehn Wochen später für Berlin zum ersten Male *öffentlich* – »freilich«, wie sich Paul Schlenther[39] erinnerte, »um den mittleren der fünf Akte grausam verkürzt«[40]. Es wurde dann allerdings nur viermal gegeben, aber in den folgenden Jahren wieder und wieder aufgenommen. Der Johannes Vockerat war eine Lieblingsrolle vieler bedeutender Schauspieler des Deutschen Theaters. Der noch jungen Bühne folgte bald eine der traditionsreichsten des deutschen Sprachraums, das Wiener Burgtheater.

Damit war der Bann um Hauptmann gebrochen. Drei Bühnen waren es nun, die sich um sein nächstes Stück, »College Crampton«, bemühten: Als erster zeigte Max Burckhard, Direktor des Wiener Burgtheaters, Interesse an der Uraufführung; L'Arronge sah in der Titelfigur eine Bombenrolle für seinen großartigen Charakterkomiker Georg Engels; und nicht zuletzt war es Otto Brahm, dem Hauptmann im Jahre 1891 schrieb: »Hier hast du den Collegen, an dem ich nun nicht weiter basteln kann. Ein Exemplar ist in Wien, eins bei L'Arronge. Ich bitte Dich nun mit der Papiermasse zu Bloch zu gehen, ihn zu bitten, mir Contract aufzusetzen und zur Unterschrift zu übersenden.«[41] Daß für L'Arronge schnelles Zugreifen geboten war, wollte er das in Wien bereits angenommene Stück als Uraufführung herausbringen, zeigt uns folgender Brief Hauptmanns an den Herrn in der Schumannstraße:

>»Schreiberhau, den 17. December 91

Hochgeehrter Herr Director!
Hiermit überreiche ich Ihnen das Manuscript von ›College Crampton‹ und erlaube mir gleichzeitig, Sie darauf aufmerksam zu machen, daß ich es soeben nach Wien abschicke. Dort sollen die Rollen sogleich ausgeschrieben und vertheilt werden. Ich glaube, Sie stimmen mit mir überein, in der Annahme, daß es nicht günstig, oder wenigstens gewagt ist, wenn Wien mit der Aufführung voran geht. Berlin und Engels müssen auf Wien wirken, nicht umgekehrt. Also in unser aller Interesse, Herr Director, betreiben Sie die Aufführung.
    Ich darf wohl auf eine kurze Bestätigung der Ankunft des Collegen Crampton rechnen?

Mit den besten Grüßen
Ihr ergebener Gerhart Hauptmann«[42]

Vier Wochen später, am 16. Januar 1892, fand im Deutschen Theater die Uraufführung des »Collegen Crampton« statt; und es gab bis Spielzeitende 37 Vorstellungen und weitere 14 in den beiden nächsten Spielzeiten. Der Theaterpraktiker L'Arronge hatte vielleicht weniger aus literarischer Wertschätzung denn als Mann mit dem Instinkt für bühnenwirksame Stücke — die Motivationen sollen uns heute nicht mehr interessieren, die Fakten zählen — richtig für das Deutsche Theater und *die* deutschen Theater gehandelt. So war ihm klar, daß er kein Risiko eingehen würde, als er auch Hauptmanns nächstes Stück zur Uraufführung annahm. Es hieß — »Die Weber«.

Den zermürbenden Zensurstreit um dieses politisch hochbrisante Werk nochmals darzustellen kann hier nicht der Ort sein. Einige Daten zur Vorgeschichte seiner Realisierung am Deutschen Theater lassen sich nun aus dem uns zum erstenmal vorliegenden Material präzisieren. »Schon im Winter 1891/92 war bei Adolph L'Arronge, in der Wohnung am Kronprinzenufer, die Vorlesung gewesen, auf die hin das Löwenhaupt das Stück sofort annahm und sich damit gleichsam ›auf den Boden der Tatsachen‹ der neuen Richtung stellte. Von hier an datierte ein freundschaftliches Verhältnis zu dem Dichter, der natürlich eine Aufführung am Deutschen Theater kaum erwarten konnte« — so berichtet der Enkel Gerhart L'Arronge.[43] Also nicht im Büro des Verlegers Samuel Fischer, wie vielfach behauptet, und sicher nicht erst Anfang März 1892 hatte Hauptmann das Stück im vertrauten Kreise gelesen, bei welcher Gelegenheit L'Arronge — nach dem Zeugnis von Otto Brahm — den denkwürdigen Ausruf getan haben soll: »Das Stück schreit nach der Bühne!«[44]

Bereits am 3. März erkundigte sich Hauptmann brieflich bei L'Arronge:

»Schreiberhau, 3. 3. 92

Verehrter Herr Director!

Es kommt Einer mit einer bescheidenen Frage: Haben Sie in Betreff der Weber schon disponiert? Wenn es anginge, möchte ich gern ungefähr wissen, was ich, das Stück betreffend, zu gewärtigen habe. Hat die Censur sich geäußert? Wir wollten doch das Dialect-Buch einreichen. Dürft ich Sie um ein paar Worte bitten?!

Ihr ergebener
Gerhart Hauptmann«[45]

Nun, die Zensur äußerte sich, just am gleichen Tag, und natürlich negativ — »aus ordnungspolizeilichen Gründen«. Doch weder Hauptmann noch L'Arronge gaben auf, sondern kämpften um die Freigabe des Stückes. Das belegen zwei weitere, ebenfalls bis jetzt unbekannte Hauptmann-Briefe an L'Arronge.

»Schreiberhau, 20. Juni 92

Sehr geehrter Herr Director!
Ich möchte mir heute nur zu fragen erlauben, welches Ihre Ansichten betreff der Weber sind? Wann soll der Versuch, das Stück der Censur abzuringen gemacht werden, wann denken Sie, in der neuen Saison, eventuell es heraus zu bringen?

Über eine neue Arbeit habe ich leider noch nicht zu berichten. Ein Lustspielstoff indess und ein etwas phantastisches Scherzspiel beschäftigen mich ernstlich.

Mit den besten Empfehlungen, auch an Ihre verehrte Frau Gemahlin

Gerhart Hauptmann«[46]

»Schreiberhau, d. 17. Dec. 92

Lieber Herr Director L'Arronge!
Ich klage also auf Freigabe der Weber, möchte aber vorher gerne einen nochmaligen Versuch mit einer Einreichung gemacht sehen. Vielleicht ist jetzt die Polizei zugänglicher. Ist sie es nicht, so werde ich auf diese Ablehnung hin Berufung einlegen. Den neuen Antrag müßte ich aber mit unterzeichnen, weil ich nachher Kläger bin. [. . .]

Wenn ich anders könnte, lieber Herr Director, würde ich Sie mit dieser Sache gewiß nicht belästigen.

Nun aber zur neuen Comödie. Ich habe eine, die, wenn nicht der Himmel einstürzt, am 20. Januar fertig ist. Aber — sie geht nicht ohne Marie Meyer. Wie beim ›Crampton‹ Engels, so würde *sie* jetzt im Centrum des Interesses stehen, wahrscheinlich auch einen ähnlichen Erfolg haben. In dem Stück ist eine gute Rolle für Engels. Die Übrigen ließen sich auch alle gut besetzen. Von der

84

Meyer, das wollte ich Ihnen jetzt schreiben, weil, wie ich nochmals versichere, ohne sie das Stück unmöglich ist.

Herzlichen Gruß, verehrter Herr Director, und beste Empfehlungen an Sie und Ihre Frau Gemahlin

Ihr Gerhart Hauptmann«[47]

»Die Weber« waren vorerst nicht freizubekommen, so daß noch einmal der Verein Freie Bühne aktiv werden mußte. Am Sonntag, dem 26. Februar 1893, mittags 12 Uhr, fand im Neuen Theater als »geschlossene Vorstellung« die Uraufführung statt. Hauptmann hatte auf eine Aufführung besonderen Wert gelegt, weil er das Stück sehen wollte, »um einige Erfahrungen daran zu ma-

Pressezeichnung zur Uraufführung von Hauptmanns Komödie »Der Biberpelz«, 1893 (Zeichnung von Julius Schlattmann)

Else Lehmann als Mutter Wolffen, Oscar Sauer als Wehrhahn
in Hauptmanns »Biberpelz«

chen«, wie er am 8. Februar 1893 L'Arronge mitteilte, »und
schließlich glaube ich, daß es auf die Freigabe des Stückes von
Einfluß ist, wenn eine Darstellung zeigt, daß die Welt darüber
nicht einstürzt und die öffentliche Ordnung nicht gestört wird.«[48]

Was die Reaktion der Zensurbehörde betraf, so hatte sich der
Autor gründlich geirrt. Erst am 20. Oktober 1893 hob das Preußische Verwaltungsgericht das Verbot der »Weber« für Berlin
auf. Die erste öffentliche Aufführung in der Schumannstraße erfolgte ein Jahr später (vgl. S. 117). Für das Reich blieb das Stück
noch lange verboten.

Am 21. September 1893 hatte am Deutschen Theater jene eben
erwähnte »neue Comödie« Premiere gehabt. Doch diesem Werk,
»Der Biberpelz«, heute das meistgespielte Stück Hauptmanns,

war bei der Uraufführung ganz und gar kein Erfolg beschieden gewesen. Selbst Franz Mehring sagte ihm kein langes Leben auf dem bürgerlichen Theater voraus.[49] Mag es am verblüffenden Schluß des Stückes gelegen haben oder vielleicht doch daran, daß nicht die vom Dichter so sehr gewünschte Marie Meyer, sondern Else Lehmann und Luise von Poellnitz die Mutter Wolffen spielten. Die Lehmann verkörperte von »Vor Sonnenaufgang« 1889 bis zu den »Ratten« 1911 fast alle großen Frauenrollen in Hauptmanns Stücken. Gleichviel, nach sechs Aufführungen wurde »Der Biberpelz« vom Spielplan abgesetzt. Hatte das Berliner Polizeipräsidium doch recht? In dessen Theaterberichtsakten steht zu lesen: Daß »das öde Machwerk mehrere Aufführungen erleben dürfte, ist kaum zu erwarten«.[50] Doch die Theatergeschichte zeigt es uns täglich anders.

Hauptmann war bitter enttäuscht. Er verließ die Premiere, ohne sich von L'Arronge verabschiedet zu haben. Aus Putbus schrieb er am 25. September ein kurzes entschuldigendes Billett, bezeichnenderweise ohne ein Wort des Dankes für die Aufführung seines Lustspiels. Auch L'Arronge schien nicht mehr recht geneigt, sich für den jungen Autor einzusetzen, zumal es für ihn bereits feststand, daß er sich im Sommer 1894 von der Leitung des Deutschen Theaters zurückziehen würde. So bildet der nachstehende Brief gewissermaßen den Schlußpunkt der Beziehungen zwischen Hauptmann und L'Arronge:

»Berlin, d. 4. October 93
Sehr geehrter Herr Director!
Ihrem, in unserem heutigen Gespräch mir gemachtem Vorschlag: ›Die Weber‹ für Doctor Brahm aufzuheben, der mir gleich sehr einleuchtete, habe ich mich zu folgen entschlossen und werde sogleich mit Doctor Brahm alles Bezügliche verabreden.

Mit ergebenstem Gruß
Gerhart Hauptmann«[51]

Hauptmanns Beziehungen zum Deutschen Theater gewannen eine neue Qualität, als mit Beginn der Spielzeit 1894/95 sein Freund Otto Brahm die Leitung des Hauses übernahm und kurz darauf »Die Weber« öffentlich aufgeführt wurden.

Das Deutsche Theater
unter Otto Brahm
1894—1903

»Brahm, den ich so ungemein aus seinem ›Schiller‹ [. . .] schätzen gelernt habe, übernimmt jetzt die Direktion eines Berliner Theaters. Welch ein Verlust! Der weiß auch nicht, was er tut!«

Gustav Mahler[1]

Es war nur bedingt ein Verlust, daß Brahm nicht bei der Literatur geblieben ist. Seine Essays über Gottfried Keller und Paul Heyse, seine preisgekrönte Kleist-Biographie, seine zweibändige, unvollendet gebliebene Schiller-Darstellung sowie die von Paul Schlenther herausgegebenen Schriften, ja auch der Briefwechsel mit Arthur Schnitzler — all dies meisterlich und mit hoher Könnerschaft geschrieben, kann heute nicht darüber hinwegtäuschen, daß das literarische Werk Otto Brahms nur einem kleinen Kreis von Germanisten, Literaturwissenschaftlern und Theaterhistorikern dienlich ist. Breitenwirkung hat es nie gehabt.

Er wußte sehr wohl, was er tat . . .

Der Theaterkritiker Dr. Otto Brahm (1856—1912) wußte sehr wohl, was er tat, als er nach zwölfjähriger Rezensenten-Tätigkeit vom Schreibtisch zur Szene überwechselte. In der »Deutschen Illustrierten Zeitung« vom 13. Juni 1885 gab er sein Credo ab: »Bühnenleiter, wenn sie an einem ersten Theater ihren Mann stehen wollen, müssen zwei Fähigkeiten in sich tragen: zugleich über die Kunst der Inszenesetzung und die Kunst des literarischen Entdeckens müssen sie gebieten.« Als literarischer Entdecker hatte sich Brahm ausgewiesen, als er in Gemeinschaft mit Theodor Wolff, Maximilian Harden, Paul Schlenther, Julius und Heinrich Hart, dem Verleger Samuel Fischer und anderen im Jahre 1889 den Verein »Freie Bühne« gründete und dort Gerhart Hauptmanns dramatischen Erstling »Vor Sonnenaufgang« zur heftig umkämpften Uraufführung brachte. Doch nicht nur Hauptmann ging auf sein Entdeckerkonto. Brahm war es, der dem Norweger Henrik Ibsen die deutschen Bühnentüren öffnete. »Ibsen war das Ereignis seines Lebens«, versicherte Paul Schlenther.[2] Im Jahre 1909 (Brahm hatte längst das Deutsche Theater verlassen und war Direktor des Lessing-Theaters) schrieb einmal ein Berliner Kritiker: »Man unterscheide bitte das Bernhard-Rose-Theater (Gemeint ist das einstige, durchaus verdienstvolle Volkstheater an der Frankfurter Allee. A. D.) von dem Rose-Bernd-Theater des Dr. Fjordritter Otto Brahm.«[3] Zweierlei zeigt diese Blödelei: Einmal, daß Brahm seinem Hauptmann wie auch dem aus den Fjorden kommenden Ibsen die Treue hielt, und zweitens, daß bei ihm diese beiden Autoren spielplanbestimmend waren.

Im Verlauf seiner Direktionsführung am Deutschen Theater und später am Lessing-Theater zeigte es sich aber, daß ein literarischer Entdecker noch lange kein Meister der »Inszenesetzung« sein muß. Offenkundig wurde auch, daß Brahms Wirkung hauptsächlich auf Berlin beziehungsweise Deutschland beschränkt blieb. Europäischen Ruhm, ja Weltruf, wie später seinem Nachfolger Max Reinhardt, wurde ihm nicht zuteil.

Der Gewerbe-Unternehmer

Eigentlich hieß der am 5. Februar 1856 in Hamburg Geborene Otto Abrahamsohn. Einige Zeit im Bankfach tätig, wechselte er zum Studium der Literaturwissenschaft über, promovierte 1879 in Jena mit dem Thema »Das deutsche Ritterschauspiel des 18. Jahrhunderts«, um bald darauf in Berlin seine schriftstellerische Tätigkeit zu beginnen. Der Literaturhistoriker Wilhelm Scherer[4] brachte ihn als Theaterkritiker an die »Nationalzeitung« und an die »Augsburger Allgemeine Zeitung«. Später kamen die »Vossische Zeitung« und die freisinnige Wochenzeitschrift »Die Nation« hinzu. Für die »Vossische Zeitung« schrieb um dieselbe Zeit Theodor Fontane von seinem »Parkettplatz 23« aus seine Kritiken über die Aufführungen des Königlichen Schauspielhauses am Gendarmenmarkt, dem jüngeren Kollegen Brahm wurden von der Redaktion die privaten Bühnen Berlins zur kritischen Beurteilung zugewiesen.

Wegen starker antisemitischer Strömungen — es war die Zeit des reaktionären und judenfresserischen Hof- und Dompredigers Adolf Stoecker[5] — gab Abrahamsohn seinen Namen auf und nannte sich zunächst Otto Anders. Wilhelm Scherer war es dann, der ihm zu dem Namen Otto Brahm riet. Und dabei blieb es. Unter diesem Namen ist er in die Theatergeschichte eingegangen.

Unter »Deutsches Theater Berlin NW, Schumannstraße 12a« (wieder eine andere Hausnummer) heißt es im Bühnen-Alma-

Berlin, den //ten *März* 18*94*

1. **Erlaubniß**
(auf 1,50 Mark Stempel)

Dem *Schriftsteller*

Dr. phil. Otto Brahm

wird auf Grund des § 32 der Gewerbeordnung für das deutsche Reich und des Reichsgesetzes vom 15. Juli 1880 (R.-G.-Bl. S. 179) hierdurch die Erlaubniß zum Betriebe des Gewerbes als Schauspiel-Unternehmer mit dem Bemerken ertheilt, daß für die Ausübung dieser Erlaubniß, welche durchaus persönlich ist und auf einen Anderen nicht übertragen werden kann, alle bestehenden und noch zu erlassenden gesetzlichen Vorschriften und Anordnungen der Verwaltungsbehörden maßgebend sind.

(Siegel)

Der Königl. Polizei-Präsident.

Eine Mark 50 Pfennig
Stempel sind verwendet
und mir erstattet
Berlin, den //ten 3. 1894

---

2. An

Em. ꝛc. erhalten in Folge Ihres Antrages vom 23 ꝛ 4.

hierbei Ausfertigung der Erlaubniß zum Betriebe des Gewerbes als Schauspiel-Unternehmer *für den Schriftsteller Dr. phil. Otto Brahm* eingehend. Die Stempelkosten im Betrage von 1,50 Mark sind der Kürze halber durch Postnachnahme eingezogen worden.

* * *

nach des Jahres 1894: »Eigentümer Adolph L'Arronge, NW, Kronprinzenufer 11. Direktion Otto Brahm.« Die zweite Periode des Theaters begann. Bevor es jedoch soweit war, erkundigte sich der Berliner Polizei-Präsident Freiherr von Richthofen beim Präsidenten der Genossenschaft Deutscher Bühnenangehöriger, Oskar Kessler, nach dem neuen Mann. Im Schreiben vom 12. Februar 1893 gab Kessler Antwort:

»Euer Hochwohlgeboren beehre ich mich im Verfolg der hohen Verfügung vom 7. d. M. — I —F.— 112,- zuvörderst verbindlichst zu danken, für das mir, als dem Vertreter der Genossenschaft deutscher Bühnen-Angehöriger, erwiesene Vertrauen. Es wird mein Bestreben sein, dasselbe durch eine offene Darlegung meiner Anschauungen, und durch eine wahrheitsgetreue Schilderung der bezüglichen Verhältnisse zu rechtfertigen.

Der Schriftsteller Dr. phil. Otto Brahm ist nicht nur als ein geistvoller und gebildeter Kunstkritiker bekannt, sondern er hat durch verschiedene literar-historische Werke, namentlich über Lessing und Kleist, sich einen in der Kunstwelt geachteten Namen verschafft.

Er besprach längere Zeit hindurch in der ›Vossischen Zeitung‹ die dramatischen Vorstellungen in Berlin; — über die Gründe seiner Entlassung aus der Redaktion der Zeitung sind allerdings Gerüchte im Umlauf gewesen, welche den Charakter des Herrn Brahm nicht in sehr vorteilhaftem Lichte erscheinen ließen, aber — es waren eben nur Gerüchte, und ich unterlasse es, auf dieselben näher einzugehen, da ich ihre Richtigkeit nicht zu beurtheilen vermag.

Ist der Dr. Brahm hinsichtlich der Direktionsführung nun auch noch ein Neuling, und gehört derselbe, als ein Mitbegründer des inzwischen wieder eingegangenen Vereins Freie Bühne auch der extremen realistischen, die Werke eines Ibsen, Strindberg, Tolstoi u. a. pflegenden Richtung an, so dürfte doch dessen Zuverlässigkeit in künstlerischer Beziehung, im Hinblick auf die Erfordernisse des § 32 der Reichs-Gewerbe-Ordnung, nicht in Zweifel zu ziehen sein.

Die Prüfung seiner Zuverlässigkeit in finanzieller Beziehung vermerkt dagegen nicht unerhebliches Bedenken.

Soviel ich in Erfahrung gebracht habe, besitzt der Dr. Brahm kein eigenes Vermögen. Er soll durch Verausgabungen von Antheilscheinen zu 10 000 und 15 000 M. in Börsenkreisen das erforderliche Betriebskapital zusammenzubringen bestrebt sein, und schon jetzt von einem Theile dieses Kapitals leben.

An und für sich würde ja gegen ein derartiges Vorgehen kaum etwas einzuwenden bleiben, denn es wird sich nur selten ereignen, daß ein künstlerisch befähigter Conzessionsnachsucher auch gleichzeitig ein reicher Mann ist. Aber es müssen meines Erachtens hierbei gewisse Voraussetzungen zutreffen, und zwar:

1. Das Kapital muß so groß sein, daß es den Unternehmer befähigt, mindestens durch eine Saison, auch unter ungünstigen Besuchsverhältnissen, das Theater erhalten zu können.

2. Die Behörde, welche die Conzession ertheilt, müßte den glaubhaften Nachweis erhalten, daß das erforderliche Kapital wirklich vorhanden ist, und dem Unternehmer zum Zwecke der Durchführung seiner Direktion, auch unter ungünstigen Besuchsverhältnissen zur freien Verfügung steht.

Zu 1. Was nun zunächst die Größe des Kapitals anbetrifft, so können die Meinungen hierüber sehr auseinandergehen. Nach meiner Überzeugung, und nach den Erfahrungen eingeweihter und sachverständiger Personen, dürfte jedes Betriebskapital als unzulänglich zu betrachten sein, welches nicht mindestens die Hälfte des Jahresetats beträgt.

Nur ein derartiges Betriebs-Kapital schützt die engagierten Mitglieder mit ihren Familien vor der Entlassung und dem Brotloswerden im Laufe einer Saison, und es dürfte eine einfache Forderung der Gerechtigkeit sein, den Mitgliedern diesen Schutz zu gewähren, weil es ihnen in den weitaus meisten Fällen unmöglich sein wird, im Laufe der Saison ein anderes Engagement zu erhalten.

Die Erfahrungen des letzten Winters in Berlin bestätigen die Richtigkeit dieser Anschauung.

Zu 2. Ich verkenne keineswegs die Schwierigkeiten, welche mit der Erbringung des glaubhaften Nachweises des erforderlichen Betriebskapitals verbunden sind. Aber es dürfte doch den Erfordernissen der angezogenen gesetzlichen Bestimmung kaum genügt werden, wenn dem Conzessionsnachsucher gestattet würde, sich einfach auf die Angabe zu beschränken, er besitze soundso viel Kapital, oder er habe einen Geldmann, oder ein Geld-Consortium hinter sich, die ihm das entsprechende Betriebskapital sichern.

Selbst die Verzweigung dieses Betriebskapitals in Werthpapieren gg., ohne den Nachweis, daß der Vorzeiger auch wirklich der Eigenthümer sei, wird nach meinem Dafürhalten nicht als eine stattgehabte Erbringung des Nachweises der finanziellen Zuverlässigkeit im Sinne des Gesetzes zu betrachten sein.

Nach meiner Anschauung, die ich in Gemeinschaft mit dem Verwaltungs-Direktor der Genossenschaft, Geheimen Hofrath Schaeffer, auch dem Minister des Innern unterbreitet habe, würde die Deponierung einer Kaution von entsprechender Höhe — *mindestens einen Monatsbetrag des Jahresetats* —, *lediglich* zum Zwecke der Sicherstellung der Gagen des engagierten Personals, bei der Polizei-Behörde derjenigen Stadt, in welcher die Vorstellungen gegeben werden, als ein wirksames Mittel betrachtet werden können, die Mitglieder des Theaters eventuell vor Noth und Elend zu schützen, und überhaupt Personen, welche über ein angemessenes Betriebskapital nicht verfügen, von der Nachsuchung einer Concession zurückzuhalten.

Die speziellen Verhältnisse, unter denen der Dr. Brahm das Deutsche Theater erpachtet hat, sind bei den herrschenden Theaterzuständen für ihn überaus drückend, und durchaus danach angethan, das Unternehmen in einem sehr ungünstigen Lichte erscheinen zu lassen.

Herr Dr. Brahm zahlt, soviel ich in Erfahrung gebracht habe, 80 000 M. Pacht. Dabei hat sich aber der Verpächter die Sonderverpachtung der Publikums-Garderoben und der Restauration vorbehalten. Der Pächter Dr. Brahm kann zwar den Fundus des Deutschen Theaters benutzen, aber alle Neubeschaffungen an Dekorationen, Garderobe und Requisiten pp. gehen in diesen, dem Besitzer des Theaters gehörigen Fundus über, als dessen Eigentum.

Im Falle des Eintretens einer Zahlungsunfähigkeit des Dr. Brahm würde somit kein Objekt, irgendwelcher Art, vorhanden sein, aus welchem die Gläubiger ihre Befriedigung herbeiführen könnten.

Und diese Tathsache erscheint mir so bedeutungsvoll, daß sie bei der Prüfung der Zuverlässigkeit des Conzessionsnachsuchers in finanzieller Beziehung einer reiflichen Erwägung würdig sein dürfte.

In bezug auf die Zuverlässigkeit des Dr. Brahm in sittlicher Beziehung ist mir nichts bekannt geworden, was diese Zuverlässigkeit in Zweifel ziehen könnte.

Schließlich will ich nicht unterlassen, noch besonders hervorzuheben, daß der Jahresetat des künftigen Deutschen Theaters mit 4 — 500 000 M. nicht zu hoch gegriffen sein möchte, und daß als Anhalt bei der Prüfung der finanziellen Zuverlässigkeit, die Einsicht des Pachtvertrages und des rationell jährlichen Voranschlages der Einnahmen kaum zu entbehren sein dürfte.

Mit hochachtungsvoller Ergebenheit
Der Präsident
der Genossenschaft deutscher Bühnen-Angehöriger
Oskar Kessler«[6]

Am 13. März 1894 erhielt der Schriftsteller Dr. phil. Otto Brahm die »Erlaubnis zum Betriebe des Gewerbes als Schauspiel-Unternehmer«. Die Stempelkosten betrugen eine Mark fünfzig.

Aber nicht weniger als 75 000 Mark hatte der neue Direktor dem alten — L'Arronge als Hauseigentümer blieb — an Jahrespacht zu zahlen. Umbauarbeiten gingen auf Kosten des neuen Pächters, ebenso Fundus-Neuanschaffungen, die dann aber Eigentum des Verpächters wurden. (Wundern wir uns über den kargen »Brahm-Stil«?!) Dieser Vertragspassus erlosch erst zwei Jahre vor dem Ende der Brahmschen Direktionszeit, als L'Arronge den Pachtvertrag nicht mehr erneuerte. Theaterzettel und Theatergarderobe wurden an Unterpächter vergeben.

Die Tagesunkosten von Brahm betrugen rund 2000 Mark, eine für damalige Berliner Privatbühnen enorme Summe, verursacht durch Brahms großzügige Gagenpolitik, die allein täglich 1300 Mark erforderte. Er allein hätte die Pacht nie aufbringen, die täglichen Zahlungen nie garantieren können. Seine Geldgeber resp. Erwerber von Anteilscheinen holte sich der neue Mann nicht wie sein Vorgänger L'Arronge aus Kreisen der Schauspielerschaft; ihm standen als Finanziers wohlhabende, theaterliebende Großbürgerfamilien zur Verfügung.

Und sie fuhren nicht schlecht bei diesem Geschäft. Brahm zahlte nicht nur zu den fälligen Terminen pünktlich die vereinbarten 5 Prozent Zinsen; darüber hinaus konnte er bei Beendigung seiner Direktionszeit eine Dividende von 11 Prozent ausschütten. Verbürgt ist, daß sich Brahm lediglich einmal, zu Beginn seiner Direktionszeit, um Geld bemühen mußte. Während seines zehnjährigen Wirkens in der Schumannstraße hatte er darüber hinaus nie irgendwelche Art von Darlehen aufnehmen müssen. Dem Bankangestellten von ehedem waren Geld und Geldeswerte wohlvertraute Dinge. Der Künstler Brahm wirtschaftete als kluger Geschäftsmann.

Zwei Meinungen:

»Drei Männer bauten das europäische Theater von heute. Antoine in Frankreich; Brahm in Deutschland; Stanislawski in Rußland (Ich spreche nur von den Prinziphäuptern). Keiner der drei kam von der Bühne her. Antoine war Beamter; Brahm war Kritiker; Stanislawski war Kaufmann. Drei Außenseiter haben das Rennen gemacht.« (Alfred Kerr)[7]

»Es ist eine Legende, wenn man Brahm mit diesen leidenschaftlichen Männern [Georg von Meiningen, Antoine, Stanislawski – A. D.], mit diesen fast gefährlich aktiven, in eine Reihe stellen will. Brahm, dieser kleine, kluge, zähe Germanist aus der Vernunftschule Wilhelm Scherers, war alles andere eher als ein Feuergeist. Er hatte auch keineswegs Gefühl für alles Echte und Große in der Kunst, er hatte nur eine unbestechliche Witterung und eine unerschütterliche Ablehnung für alles Unechte, Posierte und Schwindelhafte.« (Julius Bab)[8]

Prüfen wir diese beiden Behauptungen, halten aber zunächst fest, daß alle drei Bürgersöhne waren, daß sie – der eine mehr, der andere weniger – bei all ihren Bemühungen, fortschrittliches Gedankengut ihren Spielplänen einzuverleiben, doch eben diesem Bürgertum sowohl ideologisch als auch materiell verpflichtet waren. Daß Stanislawski nach der Oktoberrevolution sich und seine Bühne den kulturellen Bestrebungen des jungen Sowjetstaates zur Verfügung stellte, darf freilich nicht unterschlagen werden.

Otto Brahm — André Antoine
Konstantin S. Stanislawski — Georg II. von Meiningen

Der Naturalismus und die Naturalisten

Im Jahre 1887, es war das Todesjahr von Eugène Pottier, dem Dichter der »Internationale«, gründete Antoine in Paris sein Théâtre Libre. Ein Jahr später rief Stanislawski in Rußland die »Gesellschaft für Kunst und Literatur« ins Leben, die Keimzelle seines späteren Moskauer Künstlertheaters. Abermals ein Jahr später erfolgte in Berlin die Gründung des Vereins »Freie Bühne«. Zwei Jahre später wurde in London das Independant Theatre unter Grein eröffnet. Zufälle? Nein, hier traten in der Kunst und im Theaterleben ganz besonders tiefgreifende Umschichtungsprozesse der bürgerlichen Gesellschaft zutage, Bemühungen um soziale und ästhetische Neuorientierung, die — soweit es möglich war — »eingreifende« Folgen zeitigten.

Die Direktion Otto Brahms begann in Deutschland unter Wilhelm II. Bismarck hatte seinen Hut genommen, das Sozialistengesetz war 1890 gefallen.

Seit der im Jahre 1889 von der Freien Bühne herausgebrachten Uraufführung von Hauptmanns sozialem Drama »Vor Sonnenaufgang«, seit Ibsens Einzug in die deutschen Theater — auch Strindberg ist zu nennen — und nicht zuletzt seit den Romanen Zolas, Flauberts und anderer naturalistischer Schilderer war der Siegeszug der naturalistisch-realistischen Dramatik nicht mehr aufzuhalten — auch wenn, wie Julius Bab später einmal bemerkte, »in Deutschland sich diese Richtung zu Tode siegte«[9]. Aber wir kommen nicht darum herum, festzustellen, daß inmitten der naturalistischen Strömung auch dramatische Blüten wie »Alt-Heidelberg« (1901) von Meyer-Förster üppig ins Kraut schossen — jener damals ernst genommene Edelschmarren, in dem Harry Walden am Berliner Theater bereits den späteren Flimmer-Liebhaber Willy Fritsch vorwegnahm.

Der damalige Naturalismus oder, wie eine andere Definition für diese in ihrem Wesen (oder Unwesen) eng begrenzte Stilart lautete, der bürgerliche Realismus, war eine Reaktion auf die Epigonenliteratur, die Neoklassik der siebziger und achtziger Jahre, war eine Verteidigungsposition gegen das reaktionäre, kulturfeindliche Bismarcksche Sozialistengesetz und war nicht zuletzt ein, wenn auch aus engen Rohren geschleudertes Bombardement auf die Wälle, hinter denen sich eine Preußen-Glo-ria-Haltung in der Literatur verschanzt hatte. Heute wissen wir, daß darunter auch einige Volltreffer waren.

Wenn Franz Mehring, der erste marxistische Literaturkritiker in Deutschland, in seinen Ausführungen über den Begriff Naturalismus davon spricht, daß überall, »wo in der Literaturgeschichte die Gedankenwelt einer aufsteigenden mit der Gedankenwelt einer absteigenden Klasse zusammenstößt«, jene »unter dem Schlachtruf der Natur und Wahrheit, des Naturalismus und Realismus« anstürme,[10] mag es uns Heutige, da Irrungen und Wirrungen in seiner Auslegung noch genügend zutage treten, zu-

Die Umsturz-Vorlage.

Verbrecher, die erdichtete Thatsachen, von denen sie mußten, daß sie erdichtet sind, öffentlich behauptet haben, um dadurch Staatseinrichtungen verächtlich zu machen. (§ 131.)

Deutsche Dichter im Kampfe gegen die bestehenden Staatseinrichtungen

(Hauptmann, Ibsen, Wildenbruch und Sudermann werden wegen der ordnungswidrigen Tendenzen ihrer Werke arretiert und abgeführt)

Ludwig Stutz im „Kladderadatsch" 1894, Nr. 50

weilen ergehen wie Brechts Fragen stellendem Arbeiter: »So viele Berichte — so viele Fragen.«

Revolutionäre Ziele im eigentlichen Sinne des Wortes — nämlich alten und überholten Begriffen neue umstürzende und Überlebtes hinwegfegende Tendenzen entgegenzusetzen — hatte diese Bewegung nur in geringem Maße. Wohl deckte sie soziale Widersprüche der bürgerlichen Gesellschaft auf, ihre gesellschaftliche Kritik beschränkte sich aber auf Feststellungen. Veränderungen wurden wohl angedeutet; aber selbst bei Ibsen, den man einen »Angreifer« nannte, wurden sie nicht vollzogen. Man deutete auf Wunden — sie zu heilen war man unter den gegebenen Bedingungen nicht in der Lage. »Die ideologische Ratlosigkeit ... kam zum Ausdruck in dem klaffenden Widerspruch zwischen dem äußeren politischen Glanz des Reichs und dem ideologisch-künstlerischen Tiefstand Deutschlands seit der Reichsgründung. ... Der heroische Kampf der Arbeiterklasse in der Illegalität ließ sie vielen Unzufriedenen, die über die Reichsgründung und die ihr folgenden Gründerjahre mit ihren schweren wirtschaftlichen Krisen enttäuscht waren, als eine Art von Messias erscheinen«, heißt es bei Georg Lukács in »Deutsche Literatur im Zeitalter des Imperialismus«. Und Otto Brahm war es, der nicht zuletzt in einem Artikel (Vossische Zeitung, 29. Febr. 1883) sich zu diesem Bild äußerte: »Dem nationalen Aufschwung ist ein künstlerischer, wie wir ihn in der Siegesfreude von 1870 erhofften, nicht gefolgt; und über die neuen Sorgen der Politik hat die Kunst nur einen Platz im Hintertreffen erhalten können.«

»... ein geradezu berühmter Durchfall«

Es war ein illustres Publikum, vor dem sich zu Beginn der Spielzeit, am 1. September 1894, der Vorhang im neu ausstaffierten Deutschen Theater hob, um die Szene für Schillers bürgerliches Trauerspiel »Kabale und Liebe« freizugeben. Theodor Fontane und Arthur Schnitzler, Max Halbe und Otto-Erich Hartleben, um nur einige Namen aus literarischen Kreisen zu nennen, waren ebenso anwesend wie die Spitzenpolitiker der Sozialdemokratischen Partei Deutschlands August Bebel, Wilhelm Liebknecht und Paul Singer. Gerhart Hauptmann steuerte zu diesem Tag einen Prolog bei, dessen erster Vers programmatisch zu betrachten ist:

> In das alte Haus berufen,
> tret ich vor, ein Alt — und Neuer.
> Über neugefügte Stufen
> Tragen wir das alte Feuer.[11]

Brahm hatte »Kabale und Liebe« als Eröffnungsvorstellung mit Bedacht gewählt. Bestimmt nicht als einen schuldigen Rückblick der Dankbarkeit an die glanzvolle Aufführung dieses Stückes, mit der vor elf Jahren Adolph L'Arronge das Deutsche Theater eröffnet hatte. Bestimmt auch nicht in Erinnerung an den wunderbaren Ferdinand des Josef Kainz, und wahrlich auch nicht daran denkend, welch begeisterte Kritik er seinerzeit geschrieben hatte. Nein, ihn beseelte ein anderer Gedanke. Er glaubte, mit den Mitteln der naturalistischen Mise en scène eine Verjüngung des Klassikerstils vornehmen, glaubte, dem Schiller-Pathos die Umgangsformen des Tages entgegensetzen zu können. Aber das war ein Irrtum. Brahm wollte (und dies gilt auch für spätere Aufführungen) »wohl die Klassiker spielen, aber nicht in herkömmlichen traditionsmäßigen Aufführungen, sondern sie im Geiste naturalistischer Darstellungskunst neu beleben«[12].

Was kam aber bei seiner »Kabale«-Aufführung heraus? Eine Auseinandersetzung zwischen Familie Miller und der Familie des Präsidenten von Walter. Eine Aufführung, als ob man das Berliner Milieustück »Familie Selicke« von Arno Holz und Johannes Schlaf gespielt hätte. Und durch die Theatergeschichte geistert bis heute jene berühmte Schlußszene des ersten Aktes — Julius Bab nannte ihn den »pathetischsten aller Theaterschlüsse«[13] —, wo Rudolf Rittner als Ferdinand der Lady Milford gegenüber folgendermaßen agierte: »Umgürte dich mit dem ganzen Stolz deines Englands« — streift seinen Handschuh über — »ich verwerfe dich« — erster Handschuhknopf wird zugedrückt — »ein deutscher Jüngling!« — zweiter Handschuhknopf zu, Handschuh wird glatt gestrichen, Uniformrock zurechtgerückt — Abgang: So, nun hat sie's, die Lady . . .! An dieser Stelle war unter den Zuschauern »eine heitere Katastrophe« zu verzeichnen gewesen. Brahm selbst bezeichnet diesen Eröffnungsabend als einen »geradezu berühmten Durchfall«.[14]

Brahms Gegenwarts-Nüchternheit

Wer oder was war durchgefallen? Schillers Stück? Die Schauspieler? Nein, durchgefallen war eine völlig verfehlte Konzeption und der daraus resultierende Inszenierungsstil. Dieser Theaterabend war ein Mißverständnis in Großformat. Und eben dieses Mißverständnis klärte die Fronten.

Wie aber verliefen die Fronten? Wie kam es, daß Otto Brahm trotz des eklatanten Mißerfolgs seiner Eröffnungsvorstellung — es gab später noch ähnliche Pannen — zu einer zentralen Figur deutscher Theatergeschichte wurde? Ferner, wo finden wir die Ursachen dafür, daß dieser Mann, der nie eine eigenständige Regie führte — kein Programmzettel nennt seinen Namen — zum Schöpfer des »Brahm-Stiles«, ja, zu einem der Väter zukünftiger Regiekunst wurde?

Die zuletzt gestellte Frage sei zuerst beantwortet und dabei festgestellt, daß Brahm sich lediglich an zwei Klassiker-Inszenierungen in persona beteiligte, nämlich an »Kabale und Liebe« und an Shakespeares »Kaufmann von Venedig« (4. Oktober 1894), von dem behauptet wurde, er sei »kalt und nüchtern« gewesen. Danach zog er sich vom klassischen Repertoire zurück und überließ es seinen beiden Regisseuren Cord Hachmann[15] und Emil Lessing[16]. Aber auch diesen beiden Spielleitern — beide von der Freien Bühne herkommend, Hachmann inszenierte dort die Uraufführung der »Weber« — glückte es trotz bester Besetzungen kaum, den Glanz, die Poesie einstiger Klassiker-Vorstellungen unter L'Arronge zu erreichen. Der Germanist und Literaturkritiker Brahm saß als unbestechlich scharfer Kritiker der Szene auch ihnen im Nacken: Er war, wie schon an der Freien Bühne, der »Überwacher«. Um zu einer Definition des sogenannten »Brahm-Stiles« zu kommen, ist es erforderlich, einen Blick auf die Spielpläne der zehnjährigen Direktionstätigkeit dieses Theaterleiters zu werfen.

Brahms Spielplan

Als Brahm im Jahre 1890 die Zeitschrift »Freie Bühne für das moderne Leben«, das theoretische Organ der Freien Bühne, ins Leben rief, begann sein Einführungsartikel mit den Worten: »Eine Freie Bühne für das moderne Leben schlagen wir auf. Im Mittelpunkt unserer Bestrebungen soll die Kunst stehen, die neue Kunst, die die Wahrheit anschaut und das gegenwärtige Dasein. [...] Wahrheit und Wahrheit, Wahrheit auf jedem Lebenspfade ist es, die auch wir erstreben und fordern.«[17] Mit dieser Suche nach Wahrheit und Wahrheitsdarstellung begann er einst bei der Freien Bühne; er setzte sie am Deutschen Theater und später am Lessing-Theater fort.

Brahms Wahrheiten hießen Hauptmann und Ibsen; die Stücke dieser Autoren bildeten das Rückgrat seiner Spielpläne, die Brahms Gegenwarts-Nüchternheit artikulierten. Weitere, immer wieder im Repertoire stehende Namen waren Anzengruber, Wolzogen, Fulda, Bernstein, Stratz, ja auch L'Arronge, Sardou, Hirschfeld, Halbe, Wilbrandt, Rosner, Lubliner, Schnitzler, Ebner-Eschenbach, Sudermann, Hart, Björnson, Tolstoi, Hartleben, Heyermans, Bahr, Schönherr, Olden. Diese Namen bedeuteten ein Programm. Auch wenn (um nochmals an Mehring zu erinnern) der eine oder andere dieser Stückeschreiber die literarische Strömung der Zeit als »Feigenblatt« benutzte, um obskure und »rückläufige« Machwerke abzuliefern.[18] Denn um Konzessionen im Spielplan kam auch der konsequente Wahrheitssucher Brahm nicht herum, und gleich den Klassikern mußte manch fragwürdiges Bühnenwerk als Kassenfüller dienen. Namen wie Ludwig Fulda, Hugo Lubliner — sie stehen für manche andere — waren nichts als dem modischen Zeitgeschmack angepaßte Theaterkonfektion. Und von Hermann Sudermann, den er für einen »Macher« hielt, wußte er genau, daß dessen Stücke Kassenerfolge waren. Alles in allem, es ging recht brav und bürgerlich zu innerhalb der Dichterfamilie seines Hauses. Merkwürdig: August Strindberg fehlte, er war während der Brahm-Zeit im Deutschen Theater nicht zu sehen. Zwar hatte Brahm innerhalb der Freien Bühne dessen »Vater« und »Fräulein Julie« gespielt, jedoch seine späteren Werke lagen ihm nicht, waren seiner Nüchternheit

Der Modedichter

Mutter: »Seht, Kinder, das ist der berühmte Dichter — das ist der
Herr, der in unser'm Salon in grünem Einband mit Gold liegt!«
(Aus: Fliegende Blätter 2650/1896, Zeichnung von H. Schlittgen)

fremd. Mag sein, daß seine starke Bindung an Ibsen hier mit-
spielte, mag sein, daß er mit den Stücken von Björnson, die er im
Spielplan hatte, glaubte, genügend skandinavisches Theater zu
spielen. Kurzum, es vergingen Jahre, bis sich der große Schwede
unter Max Reinhardt in der Schumannstraße eine Art von Haus-
recht erwerben konnte.

Brahm wußte Bescheid um seine Besucher, wußte, daß seine Art Theater zu spielen sich grundsätzlich von der Schönspielerei der Hofbühnen unterschied, und nicht zuletzt wußte der Bürger Brahm, der Wahrheitssucher Brahm, daß die soziale Frage im Mittelpunkt des gesellschaftlichen Lebens stand. Doch wie wir wissen: Der Naturalismus hat das große Problem des Jahrhunderts, die sozialen Fragen des Klassenkampfes, keineswegs bewältigt. Brahm erkannte, daß es auf der Bühne mit Armenküchen und »Herbergen zur Heimat«, einer Art deutscher Nachtasyle, nicht getan war, daß es auch dem Theater aufgegeben war, mit seinen Mitteln dazu beizutragen, die soziale Misere zu mildern, ja, wenn möglich, abzuschaffen. Auch wenn Schiller auf dem Brahm-Theater nicht die glücklichste Rolle spielte, für den Moralisten Brahm galt die Schaubühne als eine »moralische Anstalt«.

Der »Brahm-Stil«

Er manifestierte sich zunächst beim Öffnen des Vorhangs zu einer völlig schmucklosen, ja mitunter nahezu kahlen Bühne. Beleuchtungseffekte gab es kaum, Stimmungstheater war verpönt – dies, wenn auch von anderen Prämissen ausgehend, lange vor Brecht. Was gab es denn dekorativ auszuschmücken bei einem beträchtlichen Teil der gespielten Stücke? Proletarierelend, die Sorgen der kleinen Leute, ihr Kampf ums tägliche Brot in einer Zeit, da Bankpaläste aus dem Boden sprossen? Treppenhäuser, Wohnküchen und Kammern, Hinterhöfe und Hinterhofaborte – nein, hier wären Draperie, lebensbejahende Farbigkeit fehl am Platz gewesen. Das Leben der meisten Menschen, die in den Brahm-Aufführungen vorkamen, war hart, grau; und in ebenso grauen Dekors ließ Brahm spielen. Resignation (nicht Klassenkampf), wie sie sich in den Proletariergestalten des Malers Hans Baluschek ausdrückt, das war der Grundgestus vieler Stücke. Das Elend wurde vorgezeigt, jedoch von einer Veränderung dieses Elends war kaum die Rede. Dieses Kleinbürger- und Proletarierelend seinen Besuchern – wohlgemerkt: bürgerlichen Besuchern – vorzuführen, entsprach der skelettierenden Dramaturgie von Otto Brahm. Es gehörte schon eine Art von Verbissenheit dazu,

Pressezeichnung zur ersten öffentlichen Aufführung
von Gerhart Hauptmanns Schauspiel »Die Weber«, 1894
(Zeichnung von F. Eppler)

den Theaterhabitués, von denen das Deutsche Theater ja schließlich lebte, die Schattenseiten des Lebens in so schonungsloser Brutalität vorzuführen. Dabei konnte es allerdings auch zu grotesken
Szenen kommen. In seinem 1900 erschienenen Roman »Schlaraffenland« schildert Heinrich Mann die Erstaufführung der »Weber« (er nannte das Stück »Rache«) im Deutschen Theater so:
»Als die rebellischen Arbeiter auf der Szene eine Fabrikantenvilla
plündern, eine Bankiersgattin verprügeln, riefen die Millio-
näre in weißen Handschuhen da capo, und in den rotsamtenen
Logen klatschte man Beifall. Es war eine Szene, der niemand
widerstand. Der Racheschrei des ausgesogenen, geschändeten
Volkes ging durch das ganze Haus. Er durchschüttelte die
Damen, daß ihre Brillanten klirrten.«[19]

108

Die Schauspieler und der »Brahm-Stil«

Wenn Siegfried Jacobsohn[20], dieser feinfühlige, um das schauspielerische Können, um die Mentalität der Mimen wissende Rezensent, in der von ihm 1905 ins Leben gerufenen »Schaubühne«
(Vorgänger der »Weltbühne«) enthusiastisch die Worte schrieb:
»Bassermann — Rittner — Sauer — Lehmann, die vier Wundervol-

len«, so nannte er genau jene vier Darsteller, die den Aufführungsintentionen des bei allen Proben im Zuschauerraum sich befindenden Regie-Ratgebers Brahm am nächsten kamen: der Wahrheit in der Menschengestaltung. Ihre Geradlinigkeit und mitunter karge Nüchternheit, die aber Verwandlungsfähigkeit nicht ausschloß, ihre sparsame Gestik, ihr von allen äußeren Mätzchen weit entferntes Schauspielertum, ihre auf das Wesentliche einer darzustellenden Person beschränkte Aussage, das ist es, was man unter schauspielerischem »Brahm-Stil« zu verstehen hat. Bretterheroen, Seelenschauspieler, die wie Brahm einmal von einem Hofschauspieler behauptete, »an jeden Satz ein Pfund Nuancen hängten«, für sie war kein Platz auf der Bühne des Deutschen Theaters.[21] Eine bezeichnende Anekdote: Auf der Probe bemerkte Brahm, daß ein Schauspieler an einer bestimmten Stelle eine unterstreichende Geste machte. Brahm fragte: »Versprechen Sie sich von der Nuance 'nen Effekt?« Der Schauspieler bejahte. Hierauf Brahm: »Na, dann lassen Sie sie weg.«[22]

Gewiß, die vorgenannten Schauspieler Bassermann, Rittner, Sauer und die Schauspielerin Else Lehmann, sie waren Spitzenkräfte des Hauses. Aber bei aller Eigenpersönlichkeit, ihrem großen Können, ihren individuellen Eigenschaften waren sie doch nur Teile eines Spielkörpers, in dem nicht die Schauspieler-Virtuosität dominierte, sondern höchst disziplinierter Ensemblegeist. Darin lag mit das große Verdienst von Otto Brahm, lag mit seine Bedeutung für die Theatergeschichte. Für ihn war auch der begabteste Schauspieler nur ein primus inter pares, das Ganze galt, nicht der Einzelne. Es gibt eine bezeichnende Äußerung von Brahm, die besser als langatmige Traktate über Schauspielkunst ausdrückt, worauf es ihm ankam, wie er das Wesen eines Schauspielers beurteilte. Von Rudolf Rittner erzählte er, bevor er ihn seinerzeit an die Freie Bühne holte: »Ich sah ihn zur Tür hinausgehen, nichts weiter. Dergleichen glaubte ich nie gesehen zu haben!«[23] Wer in späteren Jahren das Rückenspiel eines Wegener, Kortner oder George erlebt hat, der weiß, was ein Schauspielerrücken alles ausdrücken kann. Obwohl Brahm auch nicht jeden Schauspieler, den er engagierte, »zur Tür hinausgehen sah«, so hatte er doch bei der Zusammenstellung seines Ensembles — soweit er dies nicht von L'Arronge übernahm — einen fast untrüg-

Agnes Sorma in der Titelrolle von Ibsens »Nora oder Ein Puppenheim«

lichen Spürsinn für die jeweilige Individualität eines Darstellers. Sein Ensemble war nicht groß, selten zählte es mehr als achtunddreißig Mitglieder. Dies hauptsächlich der Klassiker wegen, die naturalistischen Stücke wiesen in der Regel kleinere Besetzungen auf.

Nennen wir zuerst zwei, die den Großen deutscher Schauspielkunst zuzuzählen sind: Agnes Sorma und Josef Kainz. Beide noch aus dem L'Arronge-Ensemble stammend, waren sie bis zu ihrem Ausscheiden aus dem Verband des Deutschen Theaters stücktragend sowohl in den Klassikern als auch in naturalistischen Werken. Die Sorma spielte die Ophelia, die Minna (später auch bei Reinhardt), die Titelrolle in Grillparzers »Jüdin von Toledo«, um nur einige ihrer Klassiker-Rollen zu nennen. Aber sie erkannte — dank der wissenden Hilfe von Brahm —, daß Ibsens Nora, wie Paul Schlenther in der »Vossischen Zeitung« vom 4. September 1895 schrieb, »keine Naive, sondern eine Persönlichkeit, keine Rolle, sondern eine Gestalt ist«.

Josef Kainz als Franz Moor in Schillers »Räubern«

Emanuel Reicher in der Titelrolle von Ibsens »John Gabriel Borkmann«

Josef Kainz! Idol unserer Großmütter und Urgroßmütter. Schwärmerischer Jüngling mit einzigartiger Sprachkultur, den Bösewicht Franz Moor mit derselben Intensität verkörpernd wie dessen Bruder, den edlen Räuberhauptmann Karl. Grübelnder, am Leben verzweifelnder Oswald in den »Gespenstern«. Vor Lebenslust überschäumender Küchenjunge Leon in Grillparzers »Weh dem, der lügt«. Ein Hamlet, wie ihn die deutsche Bühne seit Brockmann (1777) nicht wieder gesehen hatte. Da es im Brahm-Ensemble nur wenige Schauspieler gab, die den Klassiker-Stil, die Klassiker-Sprache in so vollkommener Art und Weise beherrschten wie die Sorma und ihr Partner Kainz, waren die beiden die Protagonisten des klassischen Repertoires. Kein Zufall also, daß nach ihrem Weggang die Klassiker mehr und mehr aus dem Spielplan verschwanden. Brahm war unglücklich, zwei so hervorragende Schauspieler zu verlieren. Und er war glücklich zugleich, das klassische Repertoire auf ein Mindestmaß reduzieren zu können.

Weitere Stützen des Ensembles waren Louise Dumont, Luise von Poellnitz, Irene Triesch, alle drei vorwiegend Schauspielerinnen der naturalistischen Richtung, jedoch auch in den Klassikern bewährt. Bei den Herren stoßen wir auf Ferdinand Gregory, Willy Grunwald, Friedrich Kayßler, Arthur Kraußneck, Hermann Müller, Emanuel Reicher, Hermann Nissen, Otto Sommerstorff, Richard Vallentin, Eduard von Winterstein.

Einundzwanzig Jahre alt war ein hochbegabter Schauspieler, als ihn Otto Brahm im Jahre 1894 aus der schönen Salzachstadt Salzburg nach Berlin an sein Theater holte: Er wurde bald zu einem der meistbeschäftigten Schauspieler des Hauses. Die Statistik weist aus, daß er in 120 Inszenierungen 94 Rollen spielte. Seine Spezialität waren alte, bebartete Männer, vom Leben zerbrochene Greise, mit denen er großen Erfolg hatte. Sein einziger Mißerfolg war eine Rolle ohne Bart, der Mephisto. Wir werden uns noch mit dem jungen Mann zu beschäftigen haben — er hieß Max Reinhardt.

Einen Schlußapplaus, wie schon bei L'Arronge, durften die Schauspieler auch bei Brahm nicht entgegennehmen.

Die zum Glück mit wenigen Ausnahmen vollständig erhaltene Theaterzettel-Sammlung des Deutschen Theaters weist aus, daß nahezu das gesamte dramatische Werk Ibsens bei Brahm gespielt wurde. Nennen wir hier zumindest die Stücke, denen man heute noch auf unseren Bühnen begegnen kann: »Nora«, »Hedda Gabler«, »Gespenster«, »Die Wildente«, »Rosmersholm«, »John Gabriel Borkmann«, »Die Stützen der Gesellschaft«. »Peer Gynt« suchen wir dagegen vergeblich: das Stück und Griegs Musik schienen Brahm zu romantisierend, ja phantastisch. Nein, »Peer Gynt« war kein Werk für ihn, auch erforderte es mit seinen vielen Schauplätzen zuviel Kulissenzauber — kurz, auf »Solveigs Lied« mußten die Besucher des Deutschen Theaters verzichten. Nichts kennzeichnet mehr die Brahm-Dramaturgie, als jene Worte des Konsul Bernick aus den »Stützen der Gesellschaft«, der, nachdem er seeuntüchtige Schiffe aufs Meer gesandt, zweifelhaften Grundstücksgeschäften nachgegangen ist, sich zum Stückende hin zu der Einsicht bekennt: »Die alte Welt mit ihrer Schminke, ihrer Heuchelei und Hohlheit, ihrer verlogenen Wohlanständig-keit und elenden Rücksichtnahme soll gleichermaßen wie ein Museum zu jedermanns Belehrung vor uns stehen.«

Wenn große Schauspielerinnen wie die Duse oder Agnes Sorma als Nora, um nur eines der sogenannten Frauenstücke Ibsens anzuführen, Triumphe feierten, so waren es nicht die Bombenrollen allein, die zur Begeisterung des Publikums beitrugen. Die Frauenfrage, eine zweifelhafte Ehemoral, das Frauenrecht standen zur Diskussion. Mit Recht schrieb einst Georg Brandes[24], der bedeutende Mann der nordischen Literaturwissenschaft: »Gegen Herkommen und gesellschaftliche Lüge kennt Ibsen keine wirksamere Kraft als die Frau.«

Mit Stücken dieser und ähnlicher Art — auf Hauptmann kommen wir noch ausführlicher zu sprechen — konnte der Wahrheitsfanatiker Brahm, die Sorgen und die Nöte seiner Zeit wohl erkennend, dem Deutschen Theater der Jahrhundertwende das ihm eigene Profil verleihen.

Brahms Dramaturgie

Als Brahm 1894 die Leitung des Deutschen Theaters übernommen hatte, fand er ein in seiner Mehrzahl noch von L'Arronge engagiertes, tüchtiges Ensemble vor, von dem es allerdings bald hieß: »Die Künstler hatte er bald für Darstellungen moderner Wirklichkeit so gut erzogen, daß sie keinen Vers, kaum noch ein dialektfreies Schriftdeutsch sprechen konnten und sich einigermaßen lächerlich machten, wenn sie statt eines Regenschirms ein Schwert oder ein Königszepter in die Hand bekamen.«[25] Das noch von L'Arronge erarbeitete klassische Repertoire hat er wohl als Erbe übernommen, aber nicht weiterentwickelt. Er, der konsequente Naturalist, hatte zwar eine literarische Beziehung zur Klassik — davon zeugen seine Schriften und Theaterkritiken —, aber zu den Klassikern auf der Bühne fand er kaum das richtige Verhältnis, zu dem poetischen Theater eines L'Arronge keinen Zugang. Ja, Brahm entfernte sich von der Klassik mehr und mehr.

Literarisch bedeutete die Dramaturgie Otto Brahms am Deutschen Theater »Einseitigkeit und verletzenden Mangel an kulturellem Pflichtgefühl«, wie ihm später oft bescheinigt wurde. »In Aufgaben des konsequenten Naturalismus hatte die Bühne Brahms ihr Eigentümlichstes und Bestes geleistet.« Diese Worte umreißen die gesamte Brahm-Dramaturgie: den Einsatz für die beiden Repräsentanten der naturalistischen Bühnendichtung, das Entdecken und Fördern schauspielerischer Potenzen, aber auch das Danebengreifen mit modern verbrämten Plattitüden. Ja, auch eine gewisse Einseitigkeit. Herbert Jhering fragte: »War aber nicht in den ersten Kämpfen um ein lebenswahres Theater eine gewisse Einseitigkeit notwendig, um überhaupt eine Basis zu schaffen?«[26] Die Entwicklung des Deutschen Theaters war ohne diese pedantische Vorarbeit nicht möglich. L'Arronge, das war Schauspieler-Theater — Brahm dramatisches Theater.

Brahms Dramaturgie, Brahms Regie-Intentionen, sein Anteil am Zustandekommen einer Inszenierung, basierte auf der Einstellung, die er als einstiger Theaterkritiker zu einem Werk einnahm. Er ließ es inszenieren, wie er als Rezensent gerne die Aufführung gesehen und ebenso gern über sie geschrieben hätte. Sicher, Brahm war nicht das, was man eine schöpferische Natur nennen könnte; er hatte mehr Spürsinn für Kommendes in der dramatischen Literatur als theatralische Sinnlichkeit. Colombine und Harlekin — ihre Welt war nicht die seine. Aber er war ein Feldherr des Literaturtheaters. Er errang Siege, unterlag in mancher Schlacht. Er hat an seinem Repertoire und damit auch an seinen Zuschauern gesündigt, indem er die Klassik von seiner Bühne verbannte oder nur spärlich duldete. Auch gegenüber der Moderne gab es Unterlassungssünden: Anstelle von Wedekind spielte er Ludwig Fulda. Georg Hirschfelds Stücke verwehrten denen von Shaw die Bühnentür. Die Salonschmarren eines Hugo Lubliner waren wirklich kein Ersatz für Oscar Wilde; »Lady Windermeres Fächer« wurde auf der Bühne des Deutschen Theaters noch nicht entfaltet.

Dies kann uns aber nicht den Blick dafür trüben, daß Otto Brahm es war, der das Deutsche Theater in den Mittelpunkt deutscher Schauspielbühnen rückte. Seine Zähigkeit in der Durchsetzung der bedeutenden Naturalisten seiner Epoche, sein unerschütterlicher Glaube, sein fanatischer Kampf um Wahrheit, ja, sogar sein Puritanismus — all das half, dem »alten, verstaubten

Kasten in der Schumannstraße«, wie Winterstein[27] in zärtlicher Liebe das Haus nannte, neue Geltung zu erringen.

Siegfried Jacobsohn traf das Richtige: »Was er unterlassen hat, haben andere auch unterlassen, was er getan hat, hat niemand außer ihm getan. [. . .] Er war ein Kopf und ein Kerl, ein Talent und ein Wille.«[28]

Die »Kaiserloge«

Die erste Aufführung der »Weber« im Deutschen Theater, die zugleich die erste öffentliche Aufführung war, fand am 25. September 1894 statt. Seine Majestät, der deutsche Kaiser und König von Preußen, Wilhelm II., ließ daraufhin aus Protest gegen diese Aufführung durch sein Hofmarschallamt die sogenannte »Kaiserloge« kündigen. Soweit der bislang bekannte Sachverhalt. Und in der »Vossischen Zeitung« stand unter anderem: »Die Proszeniumsloge zur Rechten der Bühne hört damit auf, eine kaiserliche zu sein, die Kaiserkrone wird daraus entfernt.«[29]

Nun liest man in nahezu allen Hauptmann-, Theater- und Literatur-Darstellungen den lapidaren Satz: »Das war ein beträchtlicher Verlust für den privaten Theaterunternehmer Otto Brahm.« Der Autor dieses Buches gesteht freimütig, daß er diesen so oft gelesenen Satz als — wie er annahm — der Wahrheit entsprechend in das Konzept seines Manuskripts ebenfalls aufnahm. Er wurde jedoch belehrt, daß hier eine (weiß der Teufel, von wem?) erfundene, unrichtige Behauptung vorlag, die nunmehr zu korrigieren und auf den Müllhaufen der Geschichtsschreibung zu werfen ist. Eine im Staatsarchiv der Deutschen Demokratischen Republik zu Potsdam vorgefundene Akte[30] sagt aus:

»Berlin, 26. März 1895
Abschriftlich mit Akten und Anlage der Abteilung I mit nachstehender Äußerung ergebenst zurückgesandt.

Der derzeitige Pächter des Deutschen Theaters, Dr. Otto Brahm (Abrahamson), welcher am 5. Februar 1856 in Hamburg geboren ist, früher mosaisch, jetzt konfessionslos, war vor Übernahme der Direktion mehrere Jahre Vorstand der ›Freien

Bühne‹, eines Vereins, welcher es sich zwar zur Aufgabe machte, solche Stücke zur Aufführung zu bringen, die zur öffentlichen Aufführung polizeilicherseits nicht zugelassen wurden, und Theaterkritiker der freisinnigen ›Vossischen Zeitung‹.

Über die Gründe, welche seine Entlassung aus der Redaktion des genannten Blattes bewirkt haben, laufen Gerüchte um, die auf seine Person ein ungünstiges Licht werfen. Insbesondere soll er die ihm zwecks Berichterstattung überwiesenen Freibilletts anderweitig zu seinem Vortheil verwendet und Kritiken über Vorstellungen in der ›Vossischen Zeitung‹ veröffentlicht haben, denen er erwiesenermaßen nicht beigewohnt hat.

Nach seiner Entlassung pachtete er das Deutsche Theater von dem Eigenthümer desselben, L'Arronge. Die Pachtung läuft vom 1. Juli 1894 bis 1. Juli 1899.

Da Brahm ganz vermögenslos ist, so wurden die bei der Übernahme des Theaters diesseits von ihm verlangten Betriebsgelder in Höhe von 250 000 Mark durch 20 Personen, darunter 19 Juden, aufgebracht. In politischer Beziehung neigt Brahm der extremen demokratischen Richtung zu. Seine Gesinnung bethätigte er schon als Leiter der Freien Bühne, der er auch jetzt noch als Mitglied angehört, indem er Stücke mit demokratischer und sozialistischer Tendenz einem, wenn auch beschränktem Zuhörerkreis vorführte. Diese seine Thätigkeit setzt er auch als Leiter der öffentlichen Bühne des Deutschen Theaters fort. Mit Vorliebe setzt er solche Stücke auf das Repertoire, welche sich gegen die besseren Gesellschaftskreise, gegen Beamtenthum, Heer und Adel richten.

Gegen den Rath des Dr. L'Arronge hat er das überaus aufreizende und von den Anarchisten und Sozialisten als vorzügliches Agitationsmittel bezeichnete Stück ›Die Weber‹, dessen Freigabe für das Deutsche Theater er im Verwaltungsstreitverfahren durch das bekannte Erkenntniß des Oberverwaltungsgerichts erlangt hat, zur öffentlichen Aufführung gebracht.

Das Stück, welches annähernd hundertmal bereits gegeben worden ist, beherrscht auch jetzt noch als ein Kassen- und Zugstück die von ihm geleitete Bühne.

In letzter Zeit ist es wiederholt innerhalb 90 Stunden einschließlich einer Sonntagsnachmittagsvorstellung 3mal gegeben worden, und zwar in der von Brahm ausgesprochenen Absicht, möglichst viel Geld zu verdienen. Auch am Geburtstage Sr. Majestät des Kaisers und Königs wurde das genannte Stück zur Aufführung gebracht.

Die Art der Theaterleitung des Deutschen Theaters, der Charakter der aufgeführten Stücke haben ihre Wirkung auf das bessere Publikum nicht verfehlt, als sich nach den angestellten Beobachtungen die vornehmeren Gesellschaftskreise von dem Deutschen Theater zurückzuziehen beginnen. Auch jüdische Blätter, die dem Deutschen Theater nahestehen, wie das ›Kleine Journal‹, haben die subversive Tendenz des gegenwärtigen Direktors öffentlich gemißbilligt.

Vertraulich ist in Erfahrung gebracht worden, daß der Direktor Brahm auf den Zuschuß aus der Königlichen Kasse gar keinen Werth legt, daß ihm sogar daran gelegen ist, daß ihm dieser entzogen wird, da er nach seiner Äußerung ein besseres Geschäft macht, wenn er die betreffende Loge verkaufen kann.

Die Äußerung Brahm's findet ihre Erklärung im § 2 des Pachtvertrages, nach dem die Königliche Loge von der Pachtung ausgeschlossen ist.

Aus den vorstehend dargelegten Gründen erscheint der Theater-Direktor Brahm einer Unterstützung, durch Überweisung eines Zuschusses aus der Königlichen Kasse nicht würdig, und dürfte daher eine Befürwortung der ferneren Bewilligung eines Zuschusses an das Deutsche Theater nicht angezeigt erscheinen.

Politische Polizei
Muhl
458 P.I.Ia«

Und eine ergänzende Akte[31] lautet:

»Orig. in Akt. Theater 82 vol. 9
Extrakt aus I F 1524 Ministerium des Königlichen Hauses verfügt unterm 21./4.95 I. No. 1679 die Aufgabe der Königlichen Loge im Deutschen Theater und Einstellung des jährlichen Beitrages von jährlich 1 500 M vom 1./5.95 ab, sowie die Entfernung der auf die bisherige Bestimmung der Loge bezüglichen Abzeichen.«

Zu ersehen ist aus diesen Akten, daß die Kündigung der Hofloge durchaus nicht so »spontan«, wie immer und immer wieder zu lesen ist, erfolgte, das »Ministerium des Königlichen Hauses« scheint sich im Arbeitstempo nicht überschlagen zu haben.

Ein in Berlin studierender junger Russe namens Wladimir Iljitsch Uljanow — die Welt kennt ihn als Lenin — besuchte am 8. August 1895 eine Vorstellung dieses Stückes, er sandte das Buch seiner Schwester zur Übersetzung nach Rußland.

Innerhalb der nächsten zwei Jahre erlebten »Die Weber« in der Schumannstraße an die 200 Aufführungen.

Gerhart Hauptmann und Brahm

Als der Theaterkritiker Dr. Otto Brahm in der Zeitschrift »Die Nation« vom 26. Oktober 1889 über die Uraufführung von Hauptmanns sozialem Drama »Vor Sonnenaufgang« schrieb, daß mit diesem Stück »das modernste Drama des deutschen Naturalismus auf die Bühne gelangt« sei, da konnte der spätere Theaterdirektor Brahm kaum ahnen, daß einmal an seinem Grabe (1912) von eben jenem Gerhart Hauptmann die Worte gesprochen werden sollten:

»Durch nahezu 25 Jahre hielten wir innerlich und äußerlich in dem wunderlichen Kriege dieses Lebens zusammen und kämpften für eine Sache, in der wir Schritt für Schritt Boden gewannen. Andere gleichwertige Kämpfer mit uns. Im Kampf verbunden, gab es etwas, das uns noch tiefer verband. Ich darf es nennen: das Ideal. Dieser Mensch, Mann und Freund war deutscher Idealist im reinsten Sinne. [...] Ich glaube nicht, daß in der Geschichte des deutschen Theaters eine solche Verbindung von praktischer Kraft und idealer Kraft jemals vor ihm dagewesen ist. Er zwang das Theater zu einer ernsten, echten, lebendigen Kunst. Er brachte es dem Leben und ihm das Leben nahe in einer Weise, wie es bis dahin niemals geschehen ist.«[32]

Werfen wir nun einen Blick auf die Chronik weiterer Hauptmann-Uraufführungen jener Jahre im Deutschen Theater:

4. Januar 1896: Uraufführung »Florian Geyer«. Das Stück fiel durch. Möglich, daß die Verkörperung durch Emanuel Reicher,

Deutsches Theater zu Berlin.

Sonnabend, den 4. Januar 1896:

Zum ersten Male:

Florian Geyer.

Bühnenspiel aus dem Bauernkriege in 5 Akten und einem Vorspiel von Gerhart Hauptmann.

Anfang 7 Uhr.   Ende nach 10½ Uhr.

Preise der Plätze:

Fremden-Loge . . .	Mk. 7,50	Parquet-Loge . . .	Mk. 6,00	II. Rang Proscenium Mk. 3,00
Orchester-Loge . .	7,50	Parquet . . .	4,50	II. Rang Tribüne . 2,50
I. Rang Balkon . .	6,00	Steh-Parquet . .	3,00	II. Rang Sperrfitz . 2,00
I. Rang Loge . . .	6,00	II. Rang Balkon .	8,00	Gallerie . . . 1,00

Die Vorverkaufsgebühr beträgt für sämtliche Plätze in den Logen, I. Rang und Parquet 50 Pf., im Steh-Parquet, II. Rang Balkon, Proscenium, Tribüne und Sperrfitz 30 Pf. Bei Abänderung einer Vorstellung wird auch das Rückgeld zurückgezahlt. Auf Bestellungen reservirte Billets müssen spätestens einen Tag vor der betreffenden Vorstellung Vormittags bis 11 Uhr an der Kasse abgeholt werden.

Die Tages-Kasse ist Vormittags von 10—1½ Uhr geöffnet.
Der Billet-Verkauf findet für sämtliche angekündigten Vorstellungen statt.

Billet-Verkauf durch den „Invalidendank", Unter den Linden 24 I, neben Kranzler, täglich von 9—4 Uhr, Sonntags von 9—10 und 12—2 Uhr.

➤ Die Damen werden höflichst ersucht, im Theater den Hut abzulegen. ◄

Spielplan:

Sonntag, den 5. Januar, Nachm. 2½ Uhr zu ermäßigten Preisen: Der Talisman. Abends 7½ Uhr, zum 1. Male wiederholt: Florian Geyer. — Montag, den 6. Januar: Romeo und Julia. — Dienstag, den 7. Januar: Florian Geyer.

den stillen, feinen Menschendarsteller, eine Fehlbesetzung war und an dem Durchfall mit schuld hatte. Ein »Kerl« hätte auf der Bühne stehen müssen! Im Entwurf einer geplanten Vorrede zur 5. Auflage der Buchausgabe seines »Florian Geyer« aber schrieb Hauptmann 1899: »Die Aufnahme war eine geteilte. Bei einer Szene des letzten Aktes entstand im Publikum ein Tumult, dessen Gründe ich unerörtert lasse. Es steht indes für mich fest, daß der Eindruck des Dramas von der Bühne herab teils langweilte, teils betäubte, jedenfalls aber verwirrte und ermüdete. Die Folge war:

121

das Werk wurde nicht erkannt. [. . .] Der größte Teil der Kritik aber, die das auf der ganzen Linie eingestand, basierte auf diesem Geständnis der Unwissenheit.«[33] Später sah Hauptmann die Ursache der Niederlage anders und ist folgenlos oft zitiert worden: »Das deutsche Nationalgefühl gleicht einer zersprungenen Glocke: ich schlug mit dem Hammer daran, aber es tönte nicht.«[34]

Das Jahr 1896 brachte noch eine zweite Hauptmann-Uraufführung, von einem Teil der Presse hymnisch besungen, vom andern zerrissen und abgelehnt. Theodor Fontane, einst glühender Verfechter des Erstlings »Vor Sonnenaufgang«, sprach sogar von »einer gewissen Schwabbelei«[35]: Am 2. Dezember ging »Die versunkene Glocke« in Szene. Agnes Sorma als Rautendelein und Josef Kainz als Glockengießer Heinrich waren voller Poesie.

5. November 1898: Uraufführung »Fuhrmann Henschel«. Thomas Mann hat in einem Aufsatz den Erfolg dieses Stückes nach der »unglücklichen Glocke« so beschrieben: ». . . im rauhen Gewand volkstümlich-realistischer Gegenwart, eine attische Tragödie.«[36] Und Alfred Kerr begrüßte es als ein »Wunderphänomen an Lebensbeobachtung«[37]. Rudolf Rittner in der Titelrolle konnte seinen Mißerfolg als Ferdinand wiedergutmachen. Als Hanne Schäl gab Else Lehmann ein Beispiel bester realistischer Schauspielkunst.

3. Februar 1900: Die Besucher erfreuten sich nur bedingt an dem Scherzspiel »Schluck und Jau«. (Es war ein Stück um zwei Vagabunden, die einerseits von Shakespeares Gnaden aus dem Vorspiel zu »Der Widerspenstigen Zähmung« stammten, andererseits durch Hauptmanns Willen auf die Insel Hiddensee verpflanzt wurden.) Hauptmanns Dramatiker-Rivale Hermann Sudermann schrieb in seinem Tagebuch: »Spät zur Ruhe . . . Erwachend greifen wir nach der Zeitung. Mißerfolg. Ich freue mich nicht, aber Lasten fallen mir von der Seele.«[38]

21. Dezember 1900: Uraufführung von »Michael Kramer«. Titelrolle: Max Reinhardt. Auch hier wieder Zustimmung und Ablehnung. Rainer Maria Rilke schrieb: »Nach meiner Meinung ist dieser ›Michael Kramer‹ das Größte, was Hauptmann bisher geleistet hat — ein Meisterwerk, das man bei uns vielleicht erst nach Jahrzehnten begreifen wird.«[39]

Agnes Sorma als Rautendelein in Hauptmanns »Versunkener Glocke«

27. November 1901: Uraufführung »Der rote Hahn«, eine Tragikomödie. Die »Biberpelz«-Wolffen hat hier zum zweitenmal geheiratet, sie heißt jetzt Frau Fielitz; die treffliche Luise von Poellnitz spielte sie, ihr Mann war Max Reinhardt. Eintragung im Tagebuch von Sudermann: »Abends mit Cläre zum ›rothen Hahn‹. Theater halb leer ... eisige Ablehnung ... In Erregung und Bedauern gehen wir heim, finden, daß ihm Unrecht geschehen ist, und erkennen doch die Berechtigung aller Vorwürfe an. — Bankrott des Naturalismus. Das ist das Endergebnis. Ein ganzes System ist an diesem Abend begraben worden.« (3. 12. 1901)[40]

31. Oktober 1903: Uraufführung »Rose Bernd«. Wieder waren es die beiden Hauptmann-Spieler Else Lehmann und Rudolf Rittner, die diesem geglückten Stück Hauptmanns einen triumphalen Erfolg sicherten.

Diesen Erfolg muß der Dichter herbeigesehnt haben, als er nach seiner Übersiedlung nach Schlesien auf der Geschworenenbank von Hirschberg das Urbild seiner Rose Bernd selbst kennengelernt hatte und als Autor keine Chance ausschlagen wollte, seinen einstigen Mißerfolg mit »Florian Geyer« auf einer anderen Bühne wieder wettzumachen. Denn im Mai 1903 hatte Hauptmann, zugleich »Rose Bernd« ankündigend, in Sachen »Geyer« an Brahm geschrieben:

»Wiesenstein
Agnetendorf i. Riesengeb.

Mein lieber Brahm.
Zum zweiten mal tritt die Möglichkeit an mich heran, den Florian Geyer aufführen zu lassen. Es handelt sich dies mal nicht um die Unternehmung irgend eines Cirkels, sondern einer ständigen Bühne. Ich kann sie Dir nicht nennen, denn ich bin gebunden. Aber ich muss Dir sagen, dass etwas *so* Hoffnungsvolles und Aussichtsreiches sich mir bisher nicht geboten hat. Ich muss mir das eingestehen und kann, da bei mir künstlerische Interessen und materielle Nöthigungen sprechen, die Sache unmöglich ohne Weiteres übergehen. Sei so gut, lieber Brahm, Dich zu äussern! Sonst bin ich an einer Arbeit, bei der sich, wenn sie mir glückt,

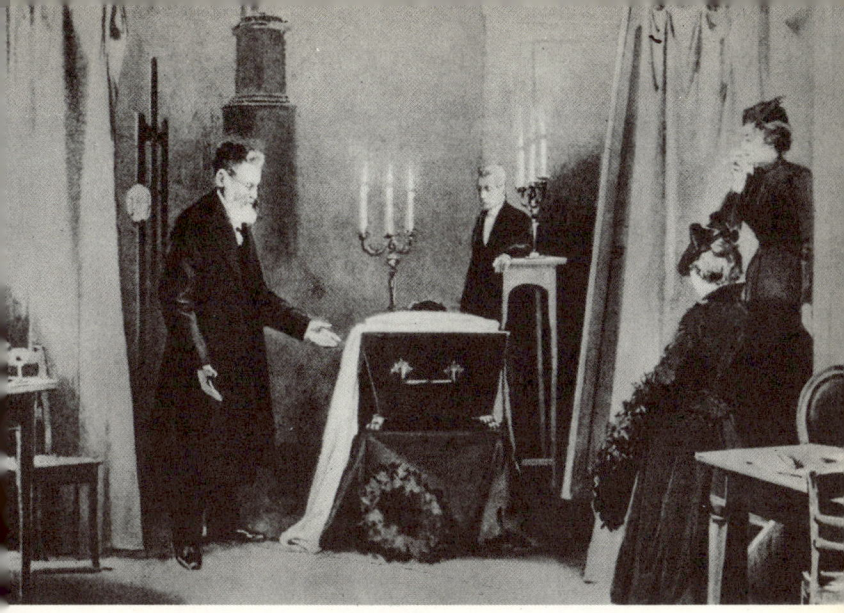

Pressezeichnung zur Aufführung von Gerhart Hauptmanns
»Michael Kramer«

das Ensemble des ›Deutschen Theaters‹ wieder einmal im alten
und reichen Glanze zeigen kann. —

Wie gehts Dir? Man hört ja so gar nichts von Dir und Deinen
Plänen.

Herzliche Grüsse
Dein Gerhart Hauptmann
27. Mai 03
Ich füge hier, auf Befehl, einen Gruss von Grethe bei. GHptm«[41]

22. Oktober 1904: Wiederaufführung des »Florian Geyer« nach
acht Jahren. Mag Brahm den »Geyer« keinem anderen Theater
gegönnt haben, mögen die Gründe zur Wiederaufführung des
Stückes auch die verschiedenartigsten gewesen sein; der Haupt-
grund aber war bestimmt die Besetzung der Titelrolle mit einem
»Kerl«, der Rudolf Rittner hieß. In der Verkörperung dieses
Schauspielers war es Theater im großen Stil.

Mit dem grandiosen Erfolg des »Florian Geyer« beendete Otto
Brahm seine Freundschaftshilfe, seine Kampfgefährtenschaft für

Rudolf Rittner in der Titelrolle
von Hauptmanns »Florian Geyer«, 1904

Gerhart Hauptmann während seiner Direktionszeit im Deutschen Theater. Brahm setzte sie bereits ein Jahr später, nach der Kündigung des Pachtvertrages durch L'Arronge, im Lessing-Theater fort. Dort brachte er noch mit heraus: »Elga« (1905), »Und Pippa tanzt« (1906), »Die Jungfern vom Bischofsberg« (1908), »Kaiser Karls Geisel« (1908) und »Griselda« (1909). Das waren keine starken Stücke, keine gedenkenswerten Aufführungen.

Erst das Datum des 13. Januar 1911 muß man sich merken — als einen Theaterabend, der wieder einen großen Hauptmann zeigte: Mit Else Lehmann als Frau John erlebte die Berliner Tragikomödie »Die Ratten« ihre sowohl umjubelte als auch ausgepfiffene Uraufführung. Im Lessing-Theater wohlgemerkt. Paul Schlenther schrieb am 14. Januar 1911 im »Berliner Tageblatt«:

»Gerhart Hauptmann ist wieder einmal beim Naturalismus seiner Jugend eingekehrt; bei jenem angeblich längst ›überwundenen‹, längst ›verwirtschafteten‹ Naturalismus.«[42]

Nicht ganz zwei Jahre konnte Otto Brahm den Erfolg der »Ratten« miterleben; am 28. November 1912 starb er. »Er hat auf einer gewissen Ebene die Einheit von Kunst und Volk zum Ereignis gemacht«, sagte Gerhart Hauptmann an seinem Sarge.[43]

Die Ära Reinhardt
1905 — 1932

»Ich glaube an die Unsterblichkeit des Theaters.«

»In den Kindern spiegelt sich das Wesen des Schauspielers
am reinsten wider.«

»Das Theater kann, von allen guten Geistern verlassen,
das traurigste Gewerbe, die armseligste Prostitution sein.«

Max Reinhardt

Als Max Reinhardt — gleich seinem Vorgänger Otto Brahm durch ein großzügiges Mäzenatentum aus Kreisen der Großbourgeoisie finanziell abgesichert — im Jahre 1905 die Direktion des Deutschen Theaters in der Schumannstraße übernahm, war er für Berlin bereits in zweifacher Hinsicht ein berühmter Mann. Einmal als Schauspieler, ein andermal als Regisseur. Sein Pilger Luka in der denkwürdigen deutschen Erstaufführung von Gorkis

Der junge Reinhardt als Luka in Gorkis »Nachtasyl«, 1903

»Nachtasyl« war eine von Publikum und Presse gleichermaßen anerkannte schauspielerische Leistung. Seinen Ruf als Regisseur begründete er zwei Jahre darauf mit der in die Theatergeschichte eingegangenen Inszenierung von Shakespeares »Sommernachtstraum«.

Wer war dieser Mann, der von sich sagte, seine Wiege habe auf der vierten Galerie des Wiener Burgtheaters gestanden? Wir wissen, wie Jugendeindrücke in unser aller Leben weiterwirken, wissen um das Bewahren und Verarbeiten von Erlebnissen, die wir als junge Menschen hatten. Es kann hier nicht unsere Aufgabe sein, im einzelnen nachzuspüren, wie, wann und wo die Wiener Theatererlebnisse Reinhardts sich in seinem späteren Wirken manifestierten, wo katholisches Barock, jüdischer Intellekt, wo überquellende Üppigkeit nebst Hofbühnenpathos oder stilles Bescheiden in seinen Rollendarstellungen, seiner Regie oder gar in seinem direktoralen Wirken zutage traten. Darüber berichtet eine weltweit vorhandene Reinhardt-Literatur. Hier soll Bekanntes nur angedeutet, Neues aber entdeckt und gewürdigt werden. Kurz: Reinhardts Tätigkeit am Deutschen Theater kann nur aus der Vorgeschichte seines Wirkens erklärt und verstanden werden. Nur so erhellt sich uns aus der Fülle seiner theatralischen Varianten seine vis seria ebenso wie die vis comica.

In seiner Gedächtnisrede zum 100. Geburtstag von Max Reinhardt, am 14. Oktober 1973 im Deutschen Theater zu Berlin, führte Hans Rodenberg, selbst einmal Schauspieler bei Reinhardt und bis zu seinem Tode Mitglied des Staatsrates der Deutschen Demokratischen Republik, u. a. aus: »Was ihn nicht packte, konnte er nicht packen.« Diese wenigen Worte umreißen die gesamte Tätigkeit Reinhardts, kennzeichnen seine Möglichkeiten, Spannungsfelder und Grenzen.

Los von Brahm

1894: Brahm verpflichtete den einundzwanzigjährigen Schauspieler Max Reinhardt, tätig am Stadttheater Salzburg, an das Deutsche Theater Berlin. Dieses Engagement bestand bis zum Jahre 1902.

1899: Im Herbst gründeten Mitglieder des Deutschen Theaters, unter ihnen Max Reinhardt, eine »Sezessionsbühne«, die an anderen Berliner Theatern und auf Tourneen Matinee-Vorstellungen gab. Während eines Wiener Gastspiels führte die Gruppe Ibsens »Komödie der Liebe« auf, die erste, ungenannte Regie-Arbeit Reinhardts.

Die Jahrhundertwende war auch in Berlin die Zeit der »Brettl«, jener Kleinkunstbühnen, die mit Witz und Ironie, Gesang und Wortspielerei sowohl einer längst entschwundenen Romantik nachtrauerten als auch sich zeitkritisch gebärdeten. Ihre Zeit hieß ja Wilhelm II. – und da gab es Stoff in Hülle und Fülle. Die Schauspieler Friedrich Kayßler, Richard Vallentin und Martin Zickel, unter ihnen auch der Dichter Christian Morgenstern, gründeten mit Max Reinhardt ebenfalls ein solches Bühnchen. Es hieß »Die Brille« und befand sich in einem Bierkeller in der Lessingstraße.

1901: Aus der »Brille« wurde »Schall und Rauch«. In diesem neuen Haus Unter den Linden spielten Künstler wie Gertrud Eysoldt, Rosa Bertens, Emanuel Reicher und Friedrich Kayßler – wir finden sie später wieder im Reinhardt-Ensemble. Sie verulkten ebenso Hof und Höflinge wie klassisches Theater, ja selbst eine mehrteilige Parodie von Schillers »Don Carlos« aus Reinhardts Feder wurde vorgezeigt und belacht. Literarische Satire verband sich mit übermütiger Tingelei.

1902: Im August wurde mit »Serenissimus«, Einaktern und Szenen aus »Schall und Rauch«, das Kleine Theater Unter den Linden eröffnet. War bisher jenes Goethe-Wort noch Ausdruck eines unverbindlichen »nun, wir wollen mal sehen«, so trat jetzt auch Thalia höchst persönlich in Erscheinung: Mit dem abendfüllenden Drama »Rausch« des Schweden August Strindberg begann am 13. Oktober die eigentliche Theaterspielzeit. Noch war Reinhardt offiziell Schauspieler bei Brahm.

Zunächst war dieser Theaterstart nicht sehr erfolgreich. Das Publikum, gewohnt, hier nur zu lachen und sich zu vergnügen, blieb aus. Haben wir dies nicht schon bei Deichmann im alten Friedrich-Wilhelmstädtischen Theater ebenso erlebt? Ein Lach- und Amüsiertheater kann sich nicht von heute auf morgen in eine seriöse Bühne verwandeln. Doch am 15. November erfolgte der

Bühnendekoration zu Oscar Wildes »Salome«, 1902,
nach Entwürfen von Lovis Corinth und Max Kruse

Durchbruch. Ein Theaterereignis fand statt — vorerst nur nachmittags, vor geladenem Publikum. Es hieß »Salome« von Oscar Wilde. Regie führten Hans Oberländer und der noch nicht als Regisseur auf dem Theaterzettel vermerkte Max Reinhardt. In der Titelrolle Gertrud Eysoldt alternierend mit Tilla Durieux. Zum ersten Male zog Max Reinhardt bildende Künstler für die Gestaltung der Szene heran, den Bildhauer Max Kruse[1] und den Maler Lovis Corinth[2]. Durch die Einbeziehung eines für Berlin neuen Rundhorizontes erhielt das Bühnenbild architektonischen Charakter. Noch im Dezember folgt ein neues Wagnis: Frank Wedekinds »Erdgeist« wird erstmalig dem Berliner Publikum vorgestellt. Dieser »Skandalautor«, wie ihn ein Teil der zeitgenössischen Presse nannte, sollte in künftigen Reinhardt-Spielplänen noch einen bedeutenden Platz einnehmen.

1903: Reinhardts Vertrag bei Brahm war abgelaufen. Beide

134

hatten an einer Weiterführung kein Interesse. Ab 1. Januar schied Reinhardt ganz aus dem Brahm-Ensemble des Deutschen Theaters aus. Die Trennung von Brahm war eine theaterhistorische Notwendigkeit, eine für die kommende Geschichte des Deutschen Theaters zwingende Entscheidung. Der neunundzwanzigjährige Reinhardt wurde offiziell Direktor des Kleinen Theaters Unter den Linden.

Ende Dezember 1902 hatte im Moskauer Künstlertheater die Uraufführung der »Szenen aus der Tiefe« von Maxim Gorki stattgefunden. Reinhardt ließ sich das Stück kommen: Am 23. Januar 1903 hatte es bei ihm unter dem Titel »Nachtasyl« Premiere (Regie: Richard Vallentin). Der Aufführung war ein Brief der Herren Kahane und Max Reinhardt an den russischen Autor vorangegangen, aus dem hier zitiert sei: »Vor allem möchten wir Ihnen unsere tiefe Dankbarkeit zum Ausdruck bringen, daß Sie es

Der junge Reinhardt mit Kollegen des Brahm-Ensembles, um 1900
Rechts: Richard Vallentin und Frau

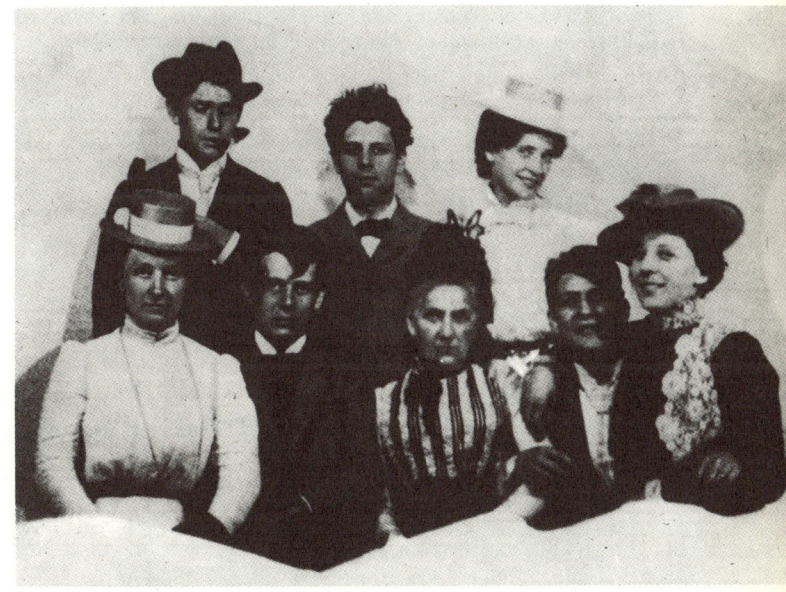

unserem Theater ermöglichen, Ihr erschütterndes, lebensnahes Werk ›Nachtasyl‹ aufzuführen. Als wir es lasen, waren wir unsagbar ergriffen. Alle unsere Kräfte und Mittel werden wir uneingeschränkt einsetzen, damit Ihr Drama, unter der Mitwirkung unserer besten Kräfte, in jeder Hinsicht, vorbildlich zur Aufführung gelangt.«[3]

Die Serienerfolge von »Salome«, »Erdgeist«, »Nachtasyl« blockierten anderen Stücken, für die bereits Aufführungsverträge abgeschlossen waren, den Zugang zur Bühne Unter den Linden. Reinhardt sah sich gezwungen, wollte er nicht in Prozesse, Tantiemenschwierigkeiten usw. hineingezogen werden, für seinen Spielbetrieb ein zweites Haus hinzuzunehmen. Er pachtete das Neue Theater (das später den Namen »Theater am Schiffbauerdamm« führte und nun seit drei Jahrzehnten Sitz des Berliner Ensembles ist).

Einen Monat nach der triumphalen »Nachtasyl«-Premiere begann Reinhardt in seiner neuen Berliner Spielstätte mit zwei saftigen Komödien: Er eröffnete am 25. Februar 1903 mit der »Lokalbahn« von Ludwig Thoma, der drei Wochen später »Die Kreuzelschreiber« von Anzengruber folgten. Im April machte dann »Pelleas und Melisande«, ein symbolistisches Drama des Flamen Maurice Maeterlinck, Furore. Und hier wurde auf dem Theaterzettel auch zum ersten Male der Name Max Reinhardts als Regisseur genannt. Es folgten zwei weitere Wedekind-Stücke, ein Anzengruber, ein Oscar Wilde, ein Leo Tolstoi, Hofmannsthals »Elektra«-Bearbeitung und anderes.

1904: Mit Lessings »Minna von Barnhelm« wandte sich Reinhardt der deutschen Klassik zu. Titelrolle: Agnes Sorma, Franziska: Lucie Höflich, Tellheim: Eduard von Winterstein. Bald darauf folgte Schillers »Kabale und Liebe«, eine Inszenierung, die ebenfalls in das Repertoire des Deutschen Theaters übernommen wurde und zum 25jährigen Bestehen des Hauses, am 29. September 1908, von Reinhardt gegeben wurde.

Als Erweiterung des Repertoires gelangten Strindberg, Shaw, Schnitzler, Beer-Hofmann, Auernheimer und andere Zeitautoren mit mehr oder minder gehaltvollen Stücken zur Aufführung. Und wie käme ein aus Wien stammender Theatermann um Nestroy herum? »Einen Jux will er sich machen« wurde an der Spree

Schlußszene von Schillers »Kabale und Liebe«, 1904,
mit Max Reinhardt (Miller), Lucie Höflich (Luise),
Emanuel Reicher (Präsident), Eduard von Winterstein (Ferdinand),
Richard Vallentin (Wurm)

genauso belacht (und auch verstanden) wie an der Donau. Natürlich gab es auch Mißerfolge. Die »Medea« des Euripides in der
Hofmannsthal-Übertragung kam beim Publikum nicht an, und
Shakespeares »Lustige Weiber von Windsor« blieben ebenfalls er-
folglos. Paul Legband bezeichnete die bisherige Spielperiode zu
Recht als eine »Synthese zwischen dem überkommenen Naturalismus und einem stilisierten Realismus«[4]. Noch suchte Reinhardt
seinen Weg.

1905: Der 31. Januar ist in der Theatergeschichte als der Theaterabend verzeichnet, der für Shakespeare-Aufführungen an
deutschen Bühnen neue Maßstäbe setzte. Reinhardt inszenierte
des großen Briten Lustspiel »Ein Sommernachtstraum« mit der
Musik von Felix Mendelssohn Bartholdy. Da gab es keine vom
Schnürboden herabgelassenen Bäume, die stets wackelten; echt
wirkende Stämme standen auf der mit einem Moosteppich belegten Drehscheibe. Keine Beintrikots tragende, sondern barfüßige
Elfen flirrten durch Wald und Gestrüpp. Antike Pracht am Hofe
des Theseus war zu bewundern. »Das groß' und kleine Himmels-

licht« wurde verschwendet. Was aber dieser Aufführung ihren besonderen Reiz verliehen haben muß, das waren die ebenso komischen wie hintergründigen Handwerker-Szenen. Das altberlinerische Possenspiel, die Wiener Vorstadtkomödie feierten in veredelter Form fröhliche Urständ. Schauspieler beherrschten die Bühne. Ein echter Theatermann, selbst Schauspieler und kein Literaturkritiker, hatte im wahrsten Sinne des Wortes die Hand im Spiel. Abgelöst wurde die Brahm-Nüchternheit durch eine neue Form der Romantik. Kein neckischer Ballett-Puck, sondern Gertrud Eysoldt als ein Elementargeist spukte über die Szene. Der rasche, durch die Drehbühne ermöglichte Szenenwechsel imponierte den Berlinern. Ein Slogan kam auf: »Det muß man jesehen haben, um zehn Uhr dreht sich der Wald.«

Der Kaufvertrag

Im Jahre 1904 lief der zwischen Adolph L'Arronge und Otto Brahm geschlossene Pachtvertrag ab. L'Arronge erneuerte ihn nicht. Ihm, dem Theaterbesessenen, dem Poeten, Musiker, Klassikerfreund, war Brahm suspekt geworden. Er wünschte sich in Zukunft keinen Literaten mehr in seinem Hause, sondern einen Vollblut-Komödianten. Auch lag ihm nicht mehr an der Pacht;

der Gesamtkomplex sollte verkauft werden. Zuvor ließ er sich Zeit, um den richtigen Käufer zu finden. Doch der Spielbetrieb mußte weitergehen und eine Zwischenlösung gefunden werden: Der Schriftsteller und zeitweilige Theaterleiter Paul Lindau war es, der, ohne Spuren in der Theatergeschichte zu hinterlassen, die Interimsspielzeit 1904/05 des Deutschen Theaters zu Ende führte.

Der Enkel L'Arronges erzählte mir, daß es erst der Riesenerfolg des »Sommernachtstraums« gewesen sei, der seinen Großvater veranlaßt habe, mit Max Reinhardt in Verbindung zu treten. Nur dieser phantasiebegabte Schauspieler und Regisseur, der auch volle Kassen garantieren würde, dürfte nach Meinung L'Arronges der zukünftige Hausherr in der Schumannstraße sein. Am 24. November 1904 kam der Pachtvertrag, ein Jahr später der Kaufvertrag zustande. Max Epstein, gründlicher Kenner von

Paul Lindau

Theaterfinanzen und Theaterführung, schrieb: »Verkauft wurde
der ganze Gebäudekomplex, der sich um das Deutsche Theater
gruppiert: die Häuser Schumannstraße 12, 13a, 14 und 16 nebst
dem bisher an Reinhardt verpachtet gewesenen Theaterzubehör.
Der Kaufpreis betrug 2 475 000 Mark. Dieser Preis ist nicht hoch.
Augenblicklich ist Reinhardt in Berlin der einzige Bühnenleiter,

der das Ideal [Grundstücks- und Hausbesitzer zu sein — A. D.] verwirklicht hat.«[5]

Diesen günstigen Vertrag verdankte Max Reinhardt seinem Bruder Edmund, der bis zu seinem Tode (1929) alle verwaltungstechnischen und finanziellen Angelegenheiten für seinen Künstler-Bruder in mustergültiger Weise erledigte.

Am 5. Mai 1905 wurde im Kleinen Theater Unter den Linden die 500. Aufführung von Gorkis »Nachtasyl« gegeben. Vier Wochen nach Beginn der neuen Spielzeit, am 31. August, legte dort Reinhardt die Direktionsgeschäfte nieder, um sich — auf Wunsch von L'Arronge — ganz dem Deutschen Theater zu widmen. Ein Jahr später, am 30. Juni 1906, beendete Reinhardt auch die Direktion am Neuen Theater am Schiffbauerdamm. Seine Inszenierung von Offenbachs »Orpheus in der Unterwelt« bildete den Kehraus.

Der rote Fleck

Allen guten Theaterbräuchen zum Trotz wollte Reinhardt an einem Freitag, dem Dreizehnten seine Tätigkeit in der Schumannstraße offiziell beginnen. Für die Eröffnungsvorstellung hatte er sich Kleists »Käthchen von Heilbronn« ausgesucht und von Hans Pfitzner die Bühnenmusik schreiben lassen. Die Presse

Lucie Höflich (Käthchen) und Friedrich Kayßler (Wetter von Strahl)
in Kleists »Käthchen von Heilbronn«, 1905

war gespannt. Und »jedermann erwartete sich ein Fest«. Doch es
kam anders. Die Elektrizitätswerker streikten in jenen Tagen.
Die Premiere mußte verschoben werden. Auch wurde sie zu keinem Fest, jene Aufführung, mit der Reinhardt acht Tage später,
am 19. Oktober 1905, das Deutsche Theater neu eröffnete. Weder das blonde Ideal-Käthchen der Lucie Höflich noch der
männlich-ritterliche Friedrich Kayßler als Graf Wetter von Strahl
und schon gar nicht die buntfarbenen Bühnenbilder des Schweizer Malers Karl Walser vermochten dieser Aufführung einen Erfolg zu sichern. Nichts kennzeichnet mehr die Kluft zwischen
einem phantasievollen Regisseur und beckmesserischer Kritiker-
weisheit als das: Reinhardt hatte das Stück als Märchen, als eine
Art Volkslegende inszeniert; bis dahin sah man es zumeist als ein
pseudohistorisches Ritterstück. Als nach dem dunklen Femege-
richt sich der Vorhang hob, hüllte ein strahlend blauer Himmel

die Szene ein. Ein grüner Wiesenhang war zu sehen, und ein knallroter Rittermantel lag auf ihm, ein hübscher, dekorativer Farbfleck. (War es Reinhardts Absicht oder hatte ihn die Technik liegenlassen?) Doch wie reagierte die Kritik darauf? Kein deutscher Ritter trüge einen solchen Purpurmantel, um über staubige schwäbische Landstraßen zu reiten; und überhaupt sei der Himmel in Deutschland nicht so blau wie auf der Bühne des Deutschen Theaters. Halten wir diesem phantasielosen Kritiker zugute, daß er bei Brahm Farbe auf dieser Bühne zu sehen wirklich nicht gewohnt war.

Leontine Kühnberg (Jessica) und Rudolf Schildkraut (Shylock)
in Shakespeares »Kaufmann von Venedig«), 1905

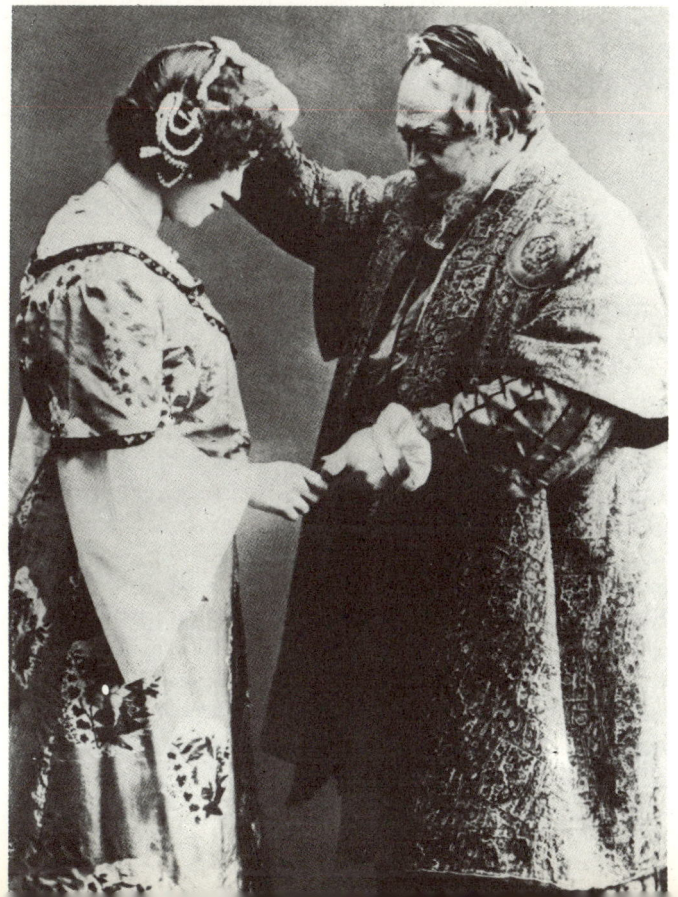

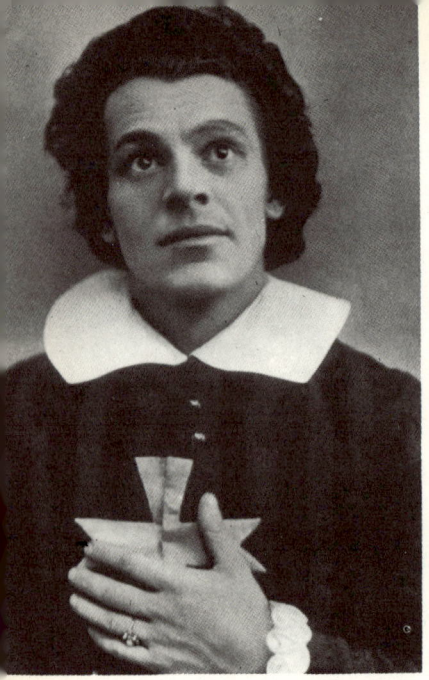

Alexander Moissi als Posa in Schillers »Don Carlos«, 1909

Berthold Held, Leiter der Schauspielschule des Deutschen Theaters
(Aufnahme 1928)

Erlaubt sei hier zu sagen: Heutige Regisseure, erleiden sie einmal einen Mißerfolg — es gibt am Theater keineswegs immer nur
Erfolge —, was tun sie? Sie ziehen sich für eine Weile in den
Schmollwinkel zurück, oder sie werden (und das ist eine höchst
anfechtbare Methode) eine Zeitlang nicht mehr mit Aufgaben be-
traut. Was aber tat Reinhardt? Knapp vier Wochen nach diesem
sanften Durchfall bescherte er in Orliks auf der Drehscheibe auf-
gebauter Renaissance-Dekoration wiederum einen Shakespeare:
»Der Kaufmann von Venedig«. Diese Aufführung wurde nach
dem »Sommernachtstraum« der zweite triumphale Erfolg für ihn.
Rudolf Schildkraut, ein bis dahin kaum hervorgetretener Schauspieler, war ein Shylock, der — wie Julius Bab schrieb — »etwas
von der breiten Wucht segnender und zürnender Patriarchen
hatte«[6]. Dem Darsteller des Solanio glaubte allerdings ein Teil der
Kritik seines fremdartigen Dialektes wegen etwas auswischen zu

144

müssen; es war der Schauspieler, den Reinhardt in zäher Erzie-
hungsarbeit und unerschütterlichem Glauben an seine Begabung
zum Weltschauspieler machte: Alexander Moissi.

Noch im Eröffnungsjahr wurde die »Schauspielschule des
Deutschen Theaters« gegründet.

Im April 1906 gastierte auf Einladung Reinhardts das Moskauer Künstlertheater unter der Leitung von Konstantin Sergeje-
witsch Stanislawski und W. I. Nemirowitsch-Dantschenko in der
Schumannstraße. Dieses Gastspiel bildete das Fundament für eine
jahrzehntelang währende Freundschaft zwischen Reinhardt und
Stanislawski. Diesem wurde im Jahre 1928 die Ehrenmitglied-

Felix Hollaender, Dramaturg und Regisseur am Deutschen Theater
(Aufnahme 1911)

schaft des Deutschen Theaters verliehen. Zwei Ölporträts der großen russischen Theatermänner, die nach dem Kriege noch einige Jahre in den Wandelgängen des Deutschen Theaters zu sehen waren, blieben bis heute leider unauffindbar.

Das Reinhardt-Repertoire der ersten Jahre

Der Spielplan ist ein getreues Spiegelbild der von Reinhardt geleisteten Vorarbeiten. Er ist aber ebenso ein Abbild der europäischen Literaturströmungen zu Beginn unseres Jahrhunderts wie der für diese Zeit gültigen Klassiker-Rezeption. Genannt seien aus dem ersten Jahr »Ödipus und die Sphinx« (Hofmannsthal), »Die Mitschuldigen« (Goethe), »Der Tartuffe« (Molière) und »Ein Wintermärchen« (Shakespeare). Dazwischen für die Theater-Gourmets als kleine Delikatessen Einakter wie: »Eine florentinische Tragödie« (Wilde), »Der heilige Brunnen« (Synge), »Der Herr Kommissär« (Courteline) und so weiter. Ein Spielplan, wie ihn das sich bildende Reinhardt-Publikum wollte: unterhaltend, in den Besetzungen ausgezeichnete Schauspieler vorweisend; Probleme und Problemchen gewiß, aber nicht zu tief lotend. Bunte Oberflächlichkeit, gemischt mit Klassikerweisheit, hie und da ein Tröpfchen unverbindliche Moral – nun, man amüsiert sich.

Betrachten wir die Spielpläne Reinhardts der folgenden Jahre, so zeichnen sich zwei Tendenzen deutlich ab: die Klassik der Welt und das Gegenwartsstück oder was man dafür hielt. Es war das große Verdienst Reinhardts – und hier sprechen wir nicht nur vom Regisseur Reinhardt –, den bei Brahm so vernachlässigten Werken der klassischen Dramatik wieder zu ihrem Bühnenrecht verholfen zu haben. Daß dabei der deutschen Klassik der ihr gebührende Platz zugewiesen wurde, ist ihm hoch anzurechnen und straft jenen Oberlehrer Lügen, der einmal in einem gegen Reinhardt gerichteten Pamphlet behauptete: »Das Deutsche Theater ist ein undeutsches Theater geworden« und der Reinhardts Shakespeare-Liebe als »Shakespearerotationsmaschinentheater« titulierte.[7] Schiller, Goethe, Kleist, Hebbel, der Österrei-

Shakespeares »Hamlet«, 1909,
mit Adele Sandrock (Gertrud) und Paul Wegener (Claudius)

Shakespeares »König Heinrich IV.«
mit Sophie Pagay (Frau Hurtig), Wilhelm Diegelmann (Falstaff),
Else Bassermann (Dortchen Lakenreißer) und Else Eckersberg (Page)

cher Grillparzer, um nur einige Namen zu nennen, wurden den
Zuschauern in Aufführungen gezeigt, die vom Standpunkt der
Regie, der Schauspielerbesetzung und des Bühnenbildes zu den
Kostbarkeiten europäischer Theaterkunst zählten. Wobei jedoch
immer wieder an den bei Reinhardt anzutreffenden Primärstand-
punkt des l'art pour l'art erinnert werden muß, wollen wir heute
aus historischer Sicht werten, ja gar richten. Als im Juni 1973
Max Reinhardts Sohn Gottfried die DDR besuchte, sagte er mir,
daß das von Heinrich Braulich verfaßte Buch »Max Reinhardt –
Theater zwischen Traum und Wirklichkeit« das beste sei, was
über seinen Vater je geschrieben wurde. Zitiert sei daraus: »Nicht
das soziale Massenproblem, das der Naturalismus, spontan ent-
flammt, gepackt hat, stand im Blickpunkt der Neuromantik, sondern die Zerrissenheit und Einsamkeit des spätbürgerlichen Indi-
viduums.«[8] Kulinarisches Theater und Ästhetizismus im Haus in
der Schumannstraße – und wie sah es außerhalb aus? Wenige
Beispiele: Im Februar 1905 findet der deutsche Ruhrbergarbeiter-
streik statt, in Petersburg läßt der Zar auf Demonstranten schie-
ßen, im Januar 1906 findet in Hamburg ein Massenstreik statt,
und Anfang Juli 1906 verfügte beispielsweise der preußische Kul-
tusminister Konrad von Studt, keine Sozialdemokraten als Turn-

lehrer für Jugendliche zuzulassen. (Welche Analogie zur Berufs-
verbotspraxis in der heutigen Bundesrepublik Deutschland!)

Noch bemächtigten sich die Dramatiker in Deutschland solcher sozialen Stoffe nicht, und wenn es doch zuweilen geschah,
hatten sie meistens Schwierigkeiten, diese Stücke an den Bühnen
unterzubringen. Im Königlichen Schauspielhaus am Gendarmenmarkt spielte man nach wie vor fade Klassiker-Vorstellungen und
das Haus Hohenzollern verherrlichende Bühnenschmarren. Der

Deutsches Theater

Schumannstraße 12—13 a
Direktion: Max Reinhardt

7 1/2 Uhr   Freitag, den 21. November 1913   7 1/2 Uhr

Shakespeare-Cyclus II.

Neu einstudiert:

Viel Lärm um Nichts

Ein Lustspiel in fünf Akten von William Shakespeare.

Regie: Max Reinhardt.

Don Pedro, Prinz von Arragon	Carl Ebert	Beatrice, Leonatos Nichte	Else Heims
Leonato, Gouverneur von Messina	Wilhelm Diegelmann	Margaretha ⎫ Heros	Elsa Wagner
Don Juan, Pedros Halbbruder	Paul Biensfeldt	Ursula ⎭ Kammerfrauen	Käte Rosenberg
Claudio, ein florentinischer Graf	Felix Knüpfer	Ein Mönch	Albert Blumenreich
Benedikt, ein Edelmann aus Padua	Albert Bassermann	Ein Bote	Josef Wilhelmi
Antonio, Leonatos Bruder	Josef Klein	⎫	Wilhelm Techel
Balthasar, Don Pedros Diener	Berthold Reissig	Wachen ⎬	Eugen Klimm
Borachio ⎫ Don Juans Begleiter	Friedrich Kühne	⎭	Fritz Pliscke
Conrad ⎭	Eduard Rothauser	Ein Diener	Richard Perlberg
Holzapfel ⎫ einfältige	Hans Waßmann		
Schlewein ⎬ Gerichtsdiener	Victor Arnold	Boten. Wachen. Gefolge.	
Ein Schreiber	Ernst Lubitsch	Die Szene ist in Messina.	
Hero, Leonatos Tochter	Cornelie Gebühr	Musik von Einar Nilson.	

Die Dekorationen und Kostüme sind nach Entwürfen und unter Leitung von Ernst Stern ausgeführt.

Technische Einrichtung: Rudolf Dworsky.

Nach dem 2. Akt (4. Bild) und nach dem 10. Bild findet je eine kleinere Pause statt.

oberste Chef dieser Bühne, Wilhelm II., hatte wohl die Reinhardt-Konkurrenz gespürt. Nach der »Weber«-Affäre bei Brahm nun auch bei Reinhardt eine Kunst, die ihm nicht paßte. Nie hat er eine Vorstellung in der Schumannstraße besucht — nun, die Hofloge war ja sowieso gekündigt.

Hans Waßmann als Holzapfel
in Shakespeares »Viel Lärm um Nichts«, 1912/13

In Reinhardts Haus spielte man den fast zum Hausautor gewordenen Shakespeare zielstrebig weiter. »Romeo und Julia« (1907), »Was ihr wollt« (1907), »König Lear« (1908), »Hamlet« (1909, Reinhardt hat seinen Moissi durchgesetzt), »Der Widerspenstigen Zähmung« (1909), »Othello« (1910), »Viel Lärm um Nichts« (1912/13), »König Heinrich IV.« (1912). Vom November 1913 bis Mai 1914 währte ein ganzer Shakespeare-Zyklus. Die Psychologen mögen ergründen, aus welchen Motivationen Reinhardt in den Jahren 1912, 1913 und 1914 ebenfalls zyklische Aufführungen der Werke des deutschen Dramatikers veranstaltete, der als Bürgerschreck einen Theaterskandal nach dem andern auslöste: Frank Wedekind. Ihm hat Reinhardt nicht nur in der Schumannstraße, sondern auch an anderen Bühnen Deutschlands die Vorhänge geöffnet.

Diesem Erzkomödianten war daran gelegen, die Dramatik der Welt auf seiner Bühne spielen zu lassen. Das Walten antiker Schicksalsgötter beschäftigte Reinhardt ebenso wie Ernst und Spaß bei Shakespeare. Das süddeutsche und österreichische Lokalstück war ihm ebenso wichtig wie das Konversationsstück aus englischen Salons oder die symbolistische Dramatik jener Zeit. Sein Einsatz für Wedekind erfolgte bestimmt weniger, wie das beispielsweise bei Brahm der Fall gewesen wäre (hätte er ihn gespielt), um sich als eine Art »praeceptor Germaniae« auszuweisen, als vielmehr wegen des Reizes, der Morbidität gewisser Ge-

Paul Wegener in der Titelrolle von Shakespeares »Macbeth«, 1916

sellschaftsschichten mit den Mitteln eines psychologischen Theaters nachzuspüren.

Zum anderen — und damit stimmte er mit seinem russischen Kollegen Stanislawski überein — lautete der Grundsatz: »König der Bühne ist der Schauspieler.« Von der Zeit des Kabaretts bis zur letzten Aufführung, die er in der Schumannstraße leitete, war ihm an einem erstklassigen Ensemble gelegen. Er hat Schauspieler durchgesetzt, die bei Publikum und Presse zunächst auf Widerstand stießen, war Lehrmeister junger Begabungen (an die Schauspielschule des Deutschen Theaters sei erinnert), und es gab für ihn — auch darin stimmte er mit Stanislawski überein — keine »kleine Rollen«. Allerdings hatte er nach der Premiere eines Stückes, und das kann nicht verschwiegen werden, oft kein Interesse mehr an diesem; denn ihn beschäftigte bereits eine neue Aufgabe. Hilfs- und Abendregisseure traten auf den Plan, um Zweit- und Umbesetzungen vorzunehmen, die nicht immer glücklich waren. Das Prinzip eines Walter Felsenstein, daß die 100. Aufführung eines Stückes genau so gut zu sein habe wie die erste, gab es für ihn noch nicht. Vielleicht schwebte ihm das auch vor. Aber der Theaterbetrieb im Zeitalter des Kapitalismus ließ ihn, der ja ein Privatdirektor war, diese Idee nicht verwirklichen. Er mußte Geld machen, staatliche oder städtische Zuschüsse existierten für ihn nicht.

Erwähnt wurde bereits, daß Reinhardt der erste deutsche Bühnenleiter war, der bildende Künstler zur Bühnenausstattung heranzog. Einen Vergleich mit den Bühnenausstattungen des Renaissance- und Barocktheaters wollen wir hier nicht anstellen. Nennen wir nur die Namen einiger Künstler, die Jahre hindurch immer und immer wieder auf den Zetteln des Deutschen Theaters zu lesen waren oder durch eine einmalige Mitarbeit den Inszenierungen des Hauses in der Schumannstraße Glanz verliehen: Lovis Corinth, Fritz Erler, Rochus Gliese, Edvard Munch, Emil Orlik, Alfred Roller, Max Slevogt, Oskar Strnad, Karl Walser; den einstigen Bühnentechniker Gustav Knina ließ er, als er dessen malerische Begabung erkannte, zum Bühnenbildner ausbilden. Von dem Mann, der mit der Ausstattung Reinhardtscher Aufführungen jahrzehntelang in Erscheinung trat, Ernst Stern, sei nach seinen eigenen Worten erzählt, daß er als junger, sich um eine

Anstellung bemühender Maler mit Reinhardt einmal in ein Streitgespräch kam und dieser ihm geantwortet habe: »Wenn Sie es besser wissen und besser können, ernenne ich Sie hiermit zu meinem Chefbühnenbildner.«[9] — Und dabei blieb es dann auch.

Die Kammerspiele

Aufgrund des in allen Reinhardt-Veröffentlichungen immer wiederkehrenden Satzes, »im Jahre 1906 ließ Max Reinhardt das ehemalige Embergsche Tanzlokal zu den Kammerspielen umbauen«[10], entsteht der Eindruck, als ob Max Reinhardt es gewesen wäre, der als erster den Kammerspielgedanken gehabt hätte. Richtig ist: Er konnte ihn verwirklichen. Die Idee aber hatten andere vor und neben ihm auch. Seit Beginn der neunziger Jahre beschäftigen sich Dramatiker und Theaterleute mit dem Projekt,

Zuschauerraum der Kammerspiele (nach dem Umbau 1937)

ein intimes Theater zu schaffen. »Dort sollte das Publikum nicht durch einen viereckigen Ausschnitt vom Bühnenbild getrennt werden, sondern den Eindruck gewinnen, einem intimen Ereignis beizuwohnen.« Strindberg wollte ein solches Theater errichten, doch Reinhardt kam ihm um ein Jahr zuvor. Auch er trug sich schon lange mit dem Gedanken, ein Gebäude zu besitzen, das, wie er sagte, »eine Art Kammermusik des Theaters« bilden sollte und in das, »was auch dort gespielt würde, das Publikum immer kommen könnte, weil es wisse, daß hier nur das Beste auf die beste Art geboten würde«.[11] »Kammerspiele«, so betonte er einmal später, seien »Laboratorien der dramatischen Kunst, allerdings auch keine Ausschließlichkeiten.«[12] Die Zukunft bewies es, er hat sich an diesen Satz gehalten.

Zur Baugeschichte:

Bauherr: Max Reinhardt
Eröffnung: 8. November 1906
Architekt: William Müller
Baukosten: unbekannt
Platzzahl: bei Eröffnung ca. 320 / im Jahre 1940: 411

154

Bühnenvorhang der Kammerspiele (nach dem Umbau 1937)

Umbauten: 1937 Umbau des Zuschauerraums, Einbau einer
Mittelloge, Erweiterung des Foyers
Bauherr: Deutsches Nationaltheater AG
Architekt: Ernst Schütte
Wandbilder: Robert Huth
Teilzerstörung bei Ende des zweiten Weltkrieges, genaues Datum unbekannt
Wiederaufbau: 1945/46[13]

Hinter diesen dürren Faktenangaben steckt mehr. Zunächst eine
Richtigstellung: In seinem Buch »Mein Leben und meine Zeit«
schrieb Eduard von Winterstein: »Er [Reinhardt — A. D.] ließ
sich durch den Architekten Kaufmann, der auch das Hebbel-
Theater gebaut hatte, ein kleines, rund 400 Personen fassenden
rangloses Theater bauen, dem Reinhardt den von Felix Hollaender erfundenen Namen ›Kammerspiele des Deutschen Theaters‹
gab.«[14] Dazu ist zu sagen: Oskar Kaufmann, der in jener Zeit berühmte Theaterarchitekt, baute 1908 in Berlin das Theater in der
Königgrätzer Straße (Hebbel-Theater) und 1913/14 die Volksbühne am damaligen Bülowplatz. Die Kammerspiele jedoch
schuf der bereits angeführte William Müller, ein Schüler des in

155

der Berliner Baugeschichte bekannten Architekten Alfred Messel.

Was nun die Namensgebung »Kammerspiele« anbelangt, widersprechen sich die Quellen. Einmal wird ausgeführt, daß August Strindberg, dessen Dramen Reinhardt bereits mehrfach inszeniert hatte, es gewesen sein soll, der nach der Berliner Namensgebung eine Reihe seiner Stücke unter dem Titel »Kammerspiele« zusammengefaßt und damit eine neue Stilgattung in die dramatische Literatur eingeführt habe. Andererseits wird berichtet, daß es genau umgekehrt gewesen sein soll, nämlich Reinhardt und Hollaender hätten nach der Herausgabe der Strindbergschen »Kammerspiele« diesen Namen für das neue Haus übernommen. Auch im Heimatland des Dichters herrscht darüber keine Klarheit; der Leiter des Stockholmer Strindberg-Museums, Herr Dr. Söderström, antwortete mir auf Befragen, daß diese Angelegenheit nie restlos geklärt worden sei.

Harry Graf Kessler[15], dem Kreis der Reinhardtschen Gönner und Geldgeber zugehörend, hatte damals für den Umbau der Emberg-Säle (der praktisch einem Neubau gleichkam) Henry van de Velde[16], den berühmten Jugendstil-Baumeister vorgeschlagen. In einem seiner Briefe an van de Velde vom 6. Dezember 1905 schrieb Kessler: »Gestern haben Hofmannsthal und ich, ihm [Reinhardt – A. D.] Ihre Theatermodelle gezeigt. Er hält die Lösung für das Ei des Kolumbus und empfand die ›pathetische‹ Schönheit der architektonischen Form.«[17] Weshalb aber Reinhardt bald darauf das Interesse an dem Van-de-Velde-Plan verlor und den wahrscheinlich bequemeren und billigeren William Müller heranzog, ist nicht bekannt. Bekannt ist jedoch, daß es seinerzeit eine Petition gab, die für van de Velde stimmte und unterschrieben war von Harry Graf Kessler, Gerhart Hauptmann, Hugo von Hofmannsthal, Max Liebermann, Hugo Meier-Graefe, Hugo von Tschudi und Rudolf Alexander Schröder. Der norwegische Maler Edvard Munch (1863–1944), von dem noch die Rede sein wird, hat sich anläßlich späterer Arbeiten in den Kammerspielen über den »unmöglichen Biedermeierstil« des öfteren beklagt. Zwei Briefe:

»Sehr geehrter Herr, ich erlaube mir an unsere Unterhaltung in Weimar anzuknüpfen.

Wir möchten unser kleines Theater, von dem Sie durch uns gehört haben, mit den Gespenstern eröffnen. Es wäre uns nun eine wirkliche Freude, wenn Sie sich entschließen könnten, eine Skizze für die Dekoration zu entwerfen. Sie würden gar nicht weiter behelligt werden — was wir wünschen ist lediglich für die Übertragung auf die Bühne eine Skizze von Ihnen zu erhalten aus der wir für die Dekoration Anregungen schöpfen könnten.

Wir glauben den Charakter von Ibsens Familientragödie könnte kein anderer Maler so treffen wie Sie — und wir könnten uns keine ernstere und schönere Totenfeier denken als diese Aufführung.

Und darum bitten wir Sie sehr herzlich, unserer Aufforderung Folge zu leisten. *Diese Skizze* müßte durch die Fenster die Aussicht auf die Landschaft zeigen — im übrigen überlassen wir die Ausführung völlig Ihnen.«[18]

(Undatierter Brief von Felix Hollaender an Munch)

Munch antwortete zustimmend. Es folgte unter dem Datum vom 11. Juli 1906 ein weiterer Brief, diesmal geschrieben von dem Reinhardt-Dramaturgen Arthur Kahane, in dem auch der sogenannte »Reinhardt-Fries« erwähnt wird.

»Sehr verehrter Herr Munch, empfangen Sie Director Reinhardts und unser Aller herzlichsten Dank für Ihre freundliche Bereitwilligkeit. Sie wissen ja wohl genau, um was es sich handelt: um die Skizze zu einer Decoration für die ›Gespenster‹ mit Fensterausblick. Nur bittet Sie Director Reinhardt, ihm wenn möglich, bereits in den nächsten Tagen (wenn es geht, am liebsten schon bis zum 15. Juli) einen Entwurf einzusenden. Irgend etwas, das ihm eine Anregung für die Inscenierung gibt.

Ferner wiederholt Director Reinhardt seine Bitte, den mit ihm besprochenen Fries für unser neues kleines Theater malen zu wollen.

Wäre es möglich, daß Sie gegen Ende August nach Berlin kämen? Mit der Bitte um baldige Antwort, in vorzüglicher Ergebenheit

Arthur Kahane.«[19]

Bühnenbild-Skizze Edvard Munchs
zu »Hedda Gabler« von Ibsen, 1907

Zur Vorgeschichte dieser Briefe: Im Jahre 1906 hielt sich Munch
des öfteren in Bad Kösen, Ilmenau und Weimar auf und unter-
nahm gelegentlich auch Abstecher nach Berlin. Hier lernte er
Max Reinhardt kennen, dessen Inszenierungen ihn begeisterten.
Es waren Graf Kessler und Walter Rathenau, die Munch mit
Reinhardt bekannt machten. (Erinnert sei in diesem Zusammenhang an die beiden großformatigen Rathenau-Bilder Munchs.[20])
  Bereits 1896/97 hatte Munch an anderen Theatern Bühnenbilder für die Ibsen-Stücke »Peer Gynt« und »Johann Gabriel Borkmann« geschaffen. Der Maler in ihm war bei diesen Theaterauf-
trägen nicht restlos glücklich. Ihn reizte aber die von Reinhardt
vorgeschlagene bildnerische Seite der Arbeit. So kam es nach den
»Gespenstern« zu einer weiteren Auftragserteilung, nämlich Büh-
nenbildskizzen zu »Hedda Gabler« zu entwerfen und für einen
Raum der Kammerspiele einen Wandfries zu schaffen; dieser war
gewissermaßen ein Nebenprodukt zu den Bühnenaufträgen.
  Wenn im Zusammenhang mit den Theaterarbeiten Munchs
von Skizzen die Rede ist, so handelt es sich dabei nicht nur um
Bleistiftentwürfe oder -skizzen, wie dies im allgemeinen üblich

Eine der Bühnenbild-Skizzen Edvard Munchs
zu »Gespenster« von Henrik Ibsen, 1906

ist. Nein, Munch führte das, was er unter Entwürfen verstand, in vielen fertigen, völlig durchgearbeiteten Bildern vor.

In seinen »Anmerkungen für das Gespenster Interieur« vermerkte Reinhardt:

»Ein hoher, im Grundton ernst gehaltener Repräsentationsraum eines etwas altmodischen, norwegischen Hauses, das außerhalb der Stadt liegt. Eine Art Halle, die den Centralraum des Hauses darstellt und zugleich Wohnzimmer, in dem sich Frau Alving am meisten aufhält. Es wird somit etwas durchaus Ernstes, einfaches, fast asketisches haben müssen, zugleich aber etwas von der roheren Genußgier und Brutalität des verstorbenen Kammerherrn verraten, also keineswegs *durchaus* geschmackvoll sein dürfen.

Gleichzeitig muß dieser Raum Geheimnisse haben, dunkle Winkel und Ecken mit merkwürdigen altmodischen Möbeln, die in der Dunkelheit zum Beispiel unheimlich zu wirken vermögen. Das Zimmer könnte vielleicht bis zur halben Höhe eine Täfelung und darüber eine *nicht* helle, verblichene Tapete haben. (Eine Skizze davon wäre sehr erwünscht.) Das Blumenzimmer (rück-

159

wärts) ist heller und das Treppenhaus, soweit man es durch die Thüre links sieht, ebenfalls lebhafter und speziell an den Kammerherrn und Kapitän Alving erinnernd. Als Farbe der Stuhlüberzüge und Vorhänge (etwa Plüsch) käme vielleicht ein dunkles, etwa abgenütztes Violett in Betracht. [...] Rückwärts führen etwa zwei Stufen in das höher gelegene Blumenzimmer, dessen rückwärtige Wand ganz aus von oben bis unten reichenden Glasfenstern besteht und eine Aussicht auf die Landschaft ermöglicht. Diese durch die rückwärtigen Fenster sichtbare Landschaft ist gewissermaßen die Seele des Raumes, die sich entsprechend verändert und die Stimmung innen wesentlich beeinflußt. Die Decke ist wohl als dunkle Holzbalkendecke zu denken. Zwischen Landschaft und Zimmer könnten Nebelschleier hängen, die sich entsprechend verdichten oder verflüchtigen mögen.

[...]

Das Interieur bei Ibsen ist bis jetzt unbeschreiblich vernachlässigt und mißhandelt worden. Ich bin aber der Meinung, daß es einen wesentlichen Teil von dem *Vielen* ausmacht, was bei Ibsen zwischen und hinter den Worten steht und die Handlung nicht nur umrahmt sondern symbolisiert.

Ich glaube fest daran, daß wir gerade mit Ihrer Hülfe Menschen und Scenerie so aufeinander abstimmen und so von einander abheben können, daß wir dadurch noch unerschlossene Tiefen dieses grandiosen Werkes erhellen und im Ganzen eine beachtenswerte Arbeit leisten werden.

Bisher hat die deutsche Bühne eine mehr oder weniger gelungene klinische Irrsinnsstudie in das grelle Rampenlicht gerückt und alles andere im Schatten wirken lassen.

Das *Umgekehrte* ist meiner Meinung nach das Rechte.«[21]

Ernst Stern, Reinhardts langjähriger Ausstattungschef, notierte in seinem Tagebuch:

»Heute zeigte mir Reinhardt in seinem Arbeitszimmer ein Ölgemälde des berühmten norwegischen Malers Edvard Munch. Es stellte ein Zimmer dar, dessen charakteristisches Merkmal ein großer schwarzer Lehnstuhl war. Das Zimmer war als Schauplatz für Ibsens Drama ›Gespenster‹ gedacht, mit dem das inzwischen fertig gewordene Kammerspielhaus eröffnet werden sollte. Munchs Bild, in seiner üblichen Art gemalt, gab mir nur sehr wenig Hinweise für die Gestaltung im einzelnen, und das sagte ich Reinhardt auch. ›Mag sein‹, antwortete er, ›aber der Lehnstuhl sagt alles! Sein Schwarz gibt die ganze Stimmung des Dramas restlos wieder! Und dann die Wände der Stube auf Munchs Bild! Sie haben die Farbe von krankem Zahnfleisch. Wir müssen uns bemühen, eine Tapete dieses Tones zu finden. Sie wird die Schauspieler in die richtige Stimmung versetzen! Das Mimische bedarf, um sich auszuleben, des durch Form, Licht und vor allem durch Farbe modulierten Raumes.‹«[22]

Dieser schwarze Lehnstuhl, so erfahren wir an anderer Stelle, »kündigt die Ausweglosigkeit des Dramas an«[23]. Von »psychologischer Farbe« wird gesprochen. Vergleiche zu der »Greifbarkeit der Meininger« werden gezogen.

Der »Reinhardt-Fries«

Fünftausend Mark erhielt Munch für die Gestaltung jenes vier Wände umfassenden Wandfrieses, den man in der Kunstgeschichte auch als »Lebensfries für Max Reinhardt« verzeichnet findet. Er wurde im Jahre 1907 geschaffen, kurz nach der Ablieferung der Bühnenbild-Skizzen zu »Hedda Gabler«, für die

Entwurf zum »Lebensfries« von Edvard Munch, 1906/07,
Kohle, Aquarell und Gouache (Munch-Museum, Oslo)

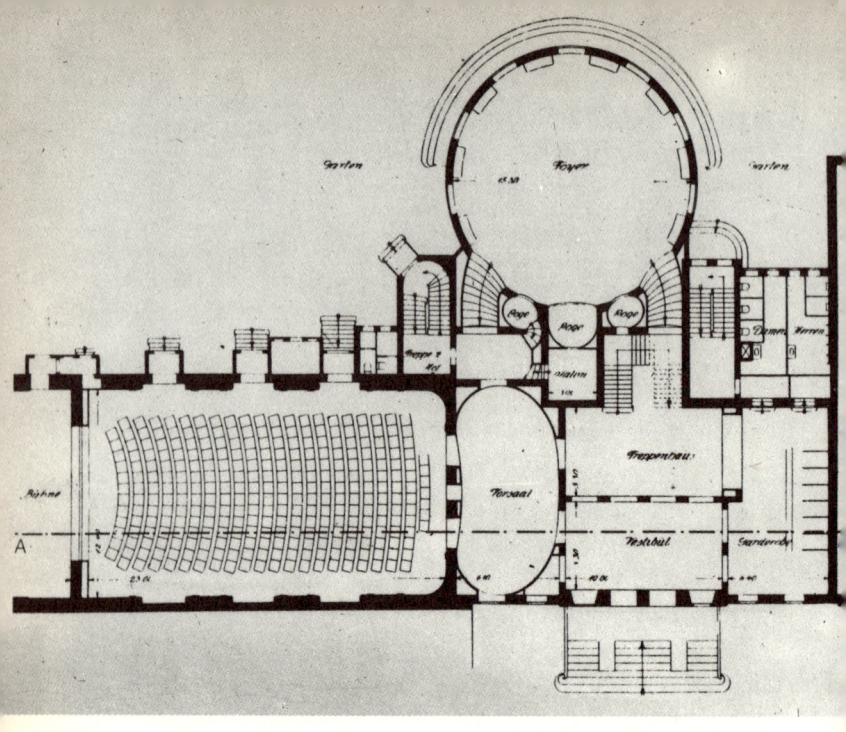

Grundriß der Kammerspiele in der Schumannstraße, 1906.
Der »Lebensfries« befand sich in dem Festsaal im 1. Stock über dem
bohnenförmigen Vorsaal. Festsaal und Vorsaal waren in Form
und Größe identisch.
(Aus der Zeitschrift »Der Baumeister«, August 1912)

Munch ein Honorar von 750 Mark und die Rückgabe der Ent-
würfe zugesichert wurden. Am 26. Dezember 1907 teilte der Maler seinem Freund Jens Thiis mit: »Es war eine wahre Schinderei
mit einer Dekoration für ein Berliner Theater, ›Kammerspielhaus‹, so daß ich keine Ruhe zum Schreiben hatte. — Endlich ist
jedoch diese schwere Arbeit so einigermaßen fertig, aber dumm
ist es, daß sie nicht im Verhältnis zu der Mühe bezahlt wird. — Es
war übrigens interessant; es ist ein Fries, den ich in einem der
Hauptsäle gemalt habe — er geht um alle vier Wände herum, und
das Motiv stammt vom Strand vor meinem Haus in Aasgaard-
strand — Damen und Herren in einer Sommernacht. —«[24] In
einem vorhergegangenen Brief schrieb Munch bereits über die

Schwierigkeit dieses Auftrags für das im Biedermeierstil ausgeführte Gebäude. »Ich und Biedermeier . . .«

Der Fries wurde in einem Raum angebracht, der im Theater seiner Form wegen der »Bohnensaal« hieß. Der heute noch im Deutschen Theater tätige Bühnenmeister Wolfgang Stegemann sagte mir, daß es sich hier um einen kleineren Raum gehandelt habe, der im ersten Stock der Kammerspiele gelegen war.

Erste Tragik um den Fries: Das Publikum, für das nach Munchs Ansicht der Fries gedacht war, bekam ihn überhaupt kaum zu sehen. In diesem Saal wurden kleine Hausfestlichkeiten, Premierenfeiern und ähnliches abgehalten, bei denen nur die Mitglieder des Deutschen Theaters und geladene Gäste zugegen waren. Der Maler Max Pechstein behauptete, er sei »eine der schönsten Arbeiten von Munch« gewesen.[25]

Zweite Tragik: Im Jahre 1912 wurde der Bohnensaal umgebaut, der Fries entfernt. Zwei Jahre darauf konnte man in der einst berühmten Galerie Gurlitt sechs Einzelteile besichtigen und kaufen. Der Preis für ein Einzelstück betrug damals 25 000 Mark, also ein Vielfaches von dem, was Munch für die Gesamtarbeit erhielt. Heute ist dieser Fries als Ganzes nicht mehr vorhanden. Einzelstücke sind in verschiedenen Museen der Welt anzutreffen.

». . . die allzu bequemen Sitze«

Am 8. November 1906 wurden die Kammerspiele mit Ibsens »Gespenstern« eröffnet. »Wer hier nicht jubelt, fälscht seinen Eindruck, wenn anders er überhaupt fähig ist, Kunst zu empfinden. Hier bleibt kein Erdenrest zu tragen peinlich. Jede Kleinigkeit zählt mit. Kein Hauch geht verloren.« Das schrieb Siegfried Jacobsohn in seiner »Schaubühne«. Und er, der sonst jedes Wort sorgfältig abwägende, jede kritische Einschätzung wohl überlegende Theaterkenner und -liebhaber, schrieb von Agnes Sorma, die als Frau Alving neben Alexander Moissi als Oswald die stücktragende Figur des Abends war: »Die Mutter! Agnes Sorma! Worte nennen dich nicht! Alles verblaßt: die Bertram ist ein Aschenputtel, die Dumont eine Volksrednerin, die Butze eine Wirtschafterin, die Hennings[26] eine Salondame, die Bleibtreu

Deutsches ✶ Theater

Schumannstraße 14

Kammerspiele

Eröffnungs-Vorstellung

Donnerstag, den 8. November 1906

(Im Abonnement — Serie I —)

Zum ersten Male:

Gespenster

von Henrik Ibsen

Regie: Max Reinhardt

Frau Helene Alving, Witwe des Kapitäns und Kammerherrn Alving	Agnes Sorma
Oswald, ihr Sohn, Maler	Alexander Moissi
Pastor Manders	Friedrich Kayßler
Regine, Dienstmädchen bei Frau Alving	Lucie Höflich
Jakob Engstrand, Tischler	Max Reinhardt

Das Stück spielt auf dem Gute der Frau Alving, in der Nähe eines großen Fjords im westlichen Norwegen.
Die Dekoration ist nach Entwürfen von Edward Munch angefertigt.

Eintritt während des Spiels nicht gestattet.   Pause nach dem zweiten Akt.

Freitag, den 9. November:	**Geschlossen.**
Sonnabend, den 10. November: **Erste öffentliche Aufführung**	**Salome** von Oskar Wilde Herodes: Paul Wegener — Herodias: Adele Sandrock — Salome: Gertrud Eysoldt Jochanaan: Alexander Moissi
Sonntag, den 11. November: **Oeffentliche Aufführung**	**Salome**
Montag, den 12. November: **Im Abonnement Serie I**	**Gespenster**
Dienstag, den 13. November: **Im Abonnement Serie II** Zum ersten Male:	**Frühlings Erwachen** Eine Kindertragödie von Frank Wedekind
Mittwoch, den 14. November:	**Geschlossen.**
Donnerstag, den 15. November: **Im Abonnement Serie II**	**Frühlings Erwachen**

Anmeldungen für die Vorstellungen im Abonnement werden im Bureau des Deutschen Theaters entgegengenommen.
Einzelbillets zu diesen Vorstellungen werden nicht abgegeben.

Für die **öffentlichen Aufführungen** sind Einzelbillets an der Tageskasse im Deutschen Theater erhältlich.

In dieser Spielzeit folgen ferner: Bernard Shaw: „Mensch und Uebermensch" — Maurice Maeterlinck: „Pelleas und Melisande" — Gerhart Hauptmann: „Das Friedensfest" — Henrik Ibsen: „Hedda Gabler" — ein Lustspiel Oscar Wilde's und Lessing's „Emilia Galotti".

Die Vorstellungen beginnen um 8 Uhr!

Preise der Plätze für die öffentlichen Aufführungen: Sessel 1. und 2. Reihe M. 15,—, 3.—6. Reihe M. 10,— 7.—11. Reihe
M. 7,50, 12.—22. Reihe M. 5,—
Der Vorverkauf findet täglich von 10 bis 2 Uhr statt. — Telefonische Billetbestellungen können nicht angenommen werden.
Vorverkaufsstelle außerhalb des Theaters: Warenhaus A. Wertheim, Leipzigerstr. 132.

Alexander Moissi als Oswald in »Gespenster« von Ibsen, 1906

eine Heroine. Hier haben wir erst die volle Tragödie. Wie falsch ist es, Frau Alving so intellektuell zu nehmen, als ob sie die revolutionären Broschüren selbst geschrieben haben könnte, während sie ihr doch nur zum Bewußtsein gebracht haben, was dumpf in ihr gelegen hat.«[27] Über die Regie Reinhardts hieß es dann bei

»Frühlings Erwachen« von Frank Wedekind, 1906. Kirchhofszene

ihm: »Jeder Satz scheint eben erst geboren. Jede Pause hat ihre Bedeutung. Jede Figur steht richtig im Raum. Nichts stört, nichts ist Selbstzweck.«[28] Soweit einige Stellen aus der Kritik Jacobsohns. Darüber hinaus müssen genannt werden: die Höflich als Regine, Friedrich Kayßler als Pastor Manders und nicht zuletzt der Schauspieler und Regisseur Max Reinhardt, der mit dem Tischler Engstrand eine seiner letzten Bühnenrollen in Berlin absolvierte. Das war schon eine Besetzung, wie sie am deutschsprachigen Theater jener Zeit kaum anzutreffen war.

Es heißt zu Beginn der Jacobsohn-Kritik: »Wer hier nicht jubelt . . .« Wer jubelte? Ein saturiertes Großbürgertum — sicherlich viele Theaterfreunde und -kenner darunter — in Abendkleid und Frack (Smoking war schon zweitrangig), das, in gut gepolsterten Klubsesseln sitzend, seinen Beifall über eine hervorra-

Deutsches ☙ Theater

Schumannstraße 13
Direktion: Max Reinhardt

7 1/2 Uhr   Freitag, den 24. November 1911   7 1/2 Uhr

Zum ersten Male:

Die Kassette

Komödie in fünf Akten von Carl Sternheim.

Regie: Felix Hollaender.

Heinrich Krull, Oberlehrer	Albert Bassermann
Fanny Krull, seine zweite Frau	Johanna Terwin
Lydia Krull, seine Tochter aus erster Ehe	Else Bassermann
Elsbeth Treu	Emilie Kurz
Alfons Seidenschnur, Photograph	Hanns Waßmann
Emma, Dienstmagd bei Krull	Grete Berger
Dettmichel, Notar	Albert Blumenreich

Die Scene ist fortgesetzt das bürgerliche Wohnzimmer Krulls.

Pause nach dem 3. Akt.

7 1/2 Uhr   Ende nach 10 Uhr   Anfang 7 1/2 Uhr

..end, den 25. November, 7 1/2 Uhr: Turandot
..g, den 26. November, 7 1/2 Uhr: Penthesilea
.. den 27. November, 7 1/2 Uhr: Turandot

Freitag, den 24. November im Circus Schumann
Anfang 8 Uhr:
Letzte Aufführung der „Orestie".

Preise der Plätze: Logen 1. Reihe M. 12, 2. Reihe M. 8,50, ...

gende Aufführung bekundete. Es ist das Publikum, das später, in den sogenannten »golden twenties«, weder das Gefühl noch auch in den meisten Fällen das Wissen darum besaß, daß ihm hier, in diesem Theaterschmuckkästchen, »in farb'gem Abglanz« sein eigener Abgesang wie auch das Ende einer bürgerlichen deutschen Theaterkultur präsentiert wurde.

Zwischen »Gespenster« und »Hedda Gabler« gelang es Reinhardt, in einer meisterlichen Inszenierung von Wedekinds »Frühlings Erwachen« (20. November 1906) diesem skandalumwitterten Stück endlich zum Durchbruch zu verhelfen. Wedekind selbst spielte den Vermummten Herrn. Allerdings, um die Zensur und auch das exklusive Feinschmeckerpublikum nicht zu verärgern, wurden in »Frühlings Erwachen« Namensänderungen vorgenommen. Die Herren Professoren hießen nun nicht mehr wie bei Wedekind Affenschmalz, Knüppeldick, Hungergurt, Kno-

Figurinen von Ernst Stern zu »Lysistrata«
von Leo Greiner nach Aristophanes, 1908

chenbruch, Zungenschlag, Fliegentod und Sonnenstich, sondern nach der von der Zensur verlangten Umbenennung Sanftleben, Lindemann, Friedepohl, Wunderhold, Morgenrot, Ehrsam. Auch durfte es in der Kirchhofszene zwischen Moritz und Melchior nicht, wie im Originaltext, heißen, daß beide »betrunken«, sondern nur »im Unrecht« sind.[29] Und noch eines anderen deutschen Autoren, den Reinhardt in seinen wesentlichen Bühnenwerken durchgesetzt hat, muß gedacht werden: Carl Sternheim. Fast alle Stücke des Zyklus »Aus dem bürgerlichen Heldenleben« hat Reinhardt an den Kammerspielen beziehungsweise im Deutschen Theater uraufgeführt: »Die Hose« (1911, aus Zensurgründen unter dem Titel »Der Riese«), »Die Kassette« (1911), »Bürger Schippel« (1913) und »Der Snob« (1914).

Unbeschadet dessen dominierte in den Kammerspielen allzuoft das Unterhaltende, gelegentlich auch Nachdenkliche. Im Jahre 1908 hatte die »Lysistrata« des Aristophanes als humorig-deftige Antikriegs-Komödie Premiere. Goethes »Clavigo«, Gogols »Heirat« und Shaws »Arzt am Scheideweg« folgten im gleichen Jahr. Kurz: Die Kammerspiele wurden zum intimen Theater für intime Stücke; und sie sind es, wenn auch unter veränderten gesellschaftlichen Bedingungen, bis heute geblieben.

Max Reinhardt bekannte später: »Ich habe gefunden, daß das alles ein Irrtum war: das kleine Haus, die Nähe der Bühne, die allzu bequemen Sitze. Die Kammerspiele faßten zu wenig Leute, und die Qualität des Publikums wächst mit seiner Quantität.«[30] Wie er diese Erkenntnis dann in die Theater-Realität umzusetzen versuchte, wird uns noch beschäftigen.

Gastspiel-Expansion und erster Weltkrieg

Gastspielreisen des inzwischen weltberühmt gewordenen Reinhardt-Ensembles erfolgten durch Frankreich, Österreich, Skandinavien, Rußland. Dort stößt es allerdings, trotz Stanislawskis Begeisterung für die Reinhardt-Bühne, auch auf recht kritische Stimmen. Als im Jahre 1912 »König Ödipus« in St. Petersburg und anderen russischen Städten gezeigt wurde, konnte man neben Anerkennendem auch lesen: »Max Reinhardt ist vor allen

Karikatur auf Reinhardts »Ödipus«-Tourneen, 1910/12:
»Ödipus«-Vorstellung: vormittags — Weimar, mittags — Nürnberg,
nachmittags — München, abends — Innsbruck, nachts — Verona
Außerdem werden für das Publikum der dazwischenliegenden
Ortschaften Vorstellungen während der Fahrt gegeben!

Dingen ein Dekorateur« oder »Stanislawski ist ein Feind des
Theatralischen. Das Theater Reinhardts ist in seinem Kern [...]
ohne diese prunkvollen farbenprächtigen Gewänder, in die es die
Malerei hüllt, und die es für ein allzu aufmerksames Auge verjün-
gen, ein altes, überlebtes Theater.«[31]

Der erste Weltkrieg brach aus. Wie so manche deutsche Intel-
lektuellen — erinnert sei an die schauerlichen Kriegsgedichte von
Gerhart Hauptmann —, gab sich auch Reinhardt zunächst patrio-
tisch. »In Staub mit allen Feinden Brandenburgs« — diese Kleist-
Worte hatten der kriegerischen Gegenwart zu dienen; »und setzt
ihr nicht das Leben ein« (der Soldatenchor aus »Wallensteins Lager«) wurde zur Aufforderung: Jungs, werdet Kriegsfreiwillige!
Selbst Fräulein von Barnhelm wurde bemüht, hat sie doch immerhin friderizianischen Hintergrund. An vaterländischen Matineen
mangelte es nicht. Mit Stücken von Hebbel, Schiller, Kleist, Lenz
und Büchner gab es einen »Deutschen Zyklus«.

Reinhardts Volkstheater-Gedanke

Die Volksbühne am einstigen Bülowplatz wurde im Jahre 1915 führungslos. Für drei Spielzeiten übernahm Reinhardt die Direktion, zeigte in dieser Armeleutegegend nicht nur die besten Inszenierungen aus der Schumannstraße; er ließ dort auch Neuschöpfungen, u. a. »Der Sturm« von Shakespeare, in Szene gehen. Die Direktionsübernahme der Volksbühne kann aber nicht nur unter dem Gesichtspunkt einer weiteren Reinhardt-Spielstätte gesehen werden; hier müssen wir auf sein Streben nach einem wahren Volkstheater zurückkommen. Wir müssen an seine Worte erinnern, mit denen er den Kammerspiel-Gedanken (und dessen Verwirklichung) als einen »Irrtum« verwarf und meinte, »die Qualität des Publikums wächst mit seiner Quantität«. Jetzt hatte er zwei Qualitäten von Publikum, das bürgerliche, ja snobistische des Berliner Westens für die Häuser in der Schumannstraße und das proletarische, nach Bildung strebende des Ostens und Nordens der ehemaligen deutschen Reichshauptstadt.

Auch der 1919 erfolgte Erwerb des ehemaligen Zirkus Schumann in der Karlstraße, von dem Architekten Hans Poelzig zum »Großen Schauspielhaus« umgebaut, stellt in gewissem Sinne

Mobilmachung 1914:
Soldaten an der Seite der Braut auf dem Weg zur Front

Theaterdirektor Max Reinhardt und
Zirkusdirektor Dr. Hans Stosch-Sarrasani

eine politische Manifestation Reinhardts dar. Seine Lösung von
der Kleinform der Kammerspiele hatte er geistig längst vollzogen. Es ging ihm auch nicht nur um Stilfragen — das hat er schon
in seiner Volksbühnenzeit bewiesen. Er strebte dem Massenthea-
ter zu, der Bühne für das Volk. Aber seine Vorstellungen vom
einfachen Volk und vom politischen Theater waren zu vage, zu
wenig theoretisch fundiert. Romain Rollands »Danton« (1920),
eine wichtige Inszenierung Reinhardts in diesem Hause, blieb
glücklos. Auch Ernst Tollers »Maschinenstürmer« (1921), von

Karl Heinz Martin inszeniert, wurde kein Erfolg. Übernahmen aus dem Deutschen Theater (»Hamlet« u. a.) fanden beim Publikum wenig Resonanz. Das Haus blieb leer. Der es wieder zu füllen vermochte, war Eric Charell mit seinen großen Revuen.

Ein Programm der Kontraste

Betrachten wir die Spielpläne der beiden Häuser in der Schumannstraße während der Zeit zwischen 1914 und 1920, so bietet sich ein interessantes Phänomen dar. Nennen wir es ein Programm der Kontraste. Nachdem in den ersten Kriegsjahren die Klassik für Preußens Gloria zeugen mußte und 1915 ein von der damaligen Reichsregierung unterstütztes Gastspiel in Skandinavien den Hochstand deutscher Theaterkultur vorzuzeigen hatte, so änderte sich das von dem Augenblick an, als sich am 13. Okto-

»Der Bettler« von Reinhard Sorge, 1917. Entwurf von Ernst Stern

ber 1916 im Deutschen Theater der Vorhang zu »Die Soldaten«
von Jacob Michael Reinhold Lenz hob. Diesem, dem Soldaten-
stand gegenüber kritisch eingestellten Stück des »Sturm und
Drang« folgte kurze Zeit darauf (15. Dezember) »Dantons Tod«
von Georg Büchner. Von hier aus führte der von Reinhardts Dramaturgen mit seiner Zustimmung eingeschlagene Weg zum deutschen Theaterexpressionismus. »Junges Deutschland« hieß nun
ein nahezu drei Jahre während der Stücke-Zyklus. Er wurde am
23. Dezember 1917 mit »Der Bettler« von Reinhard Sorge eröffnet, zeigte ferner (und hier sind nur die wesentlichsten Stücke
aufgeführt) »Ein Geschlecht« von Fritz von Unruh (1918), »Von
morgens bis mitternachts« von Georg Kaiser (1919), »Die Wup-
per« von Else Lasker-Schüler (1919), »Hiob« und »Der bren-
nende Dornbusch« von Oskar Kokoschka (1919), »Der Sohn«
von Walter Hasenclever (1918), ferner »Die Sendung Semaels«
von Arnold Zweig (1920). Dieses Stück lag bereits 1914 unter
dem Titel »Ritualmord in Ungarn« als Buch vor, wurde aber damals von der Kriegszensur für die Aufführung verboten.

Das wichtigste und zugleich auch dichterisch stärkste Stück
aber war »Die Seeschlacht« von Reinhard Goering. Ursprünglich
(auch für geschlossene Vorstellungen) verboten, hat das Deutsche Theater jedoch seine für den 3. März 1918 angesetzte und
von Reinhardt inszenierte Uraufführung durchgesetzt. Noch hin-
gen in den Theaterfoyers (wie Gottfried Reinhardt sich zu erinnern weiß) Plakate »Zeichnet Kriegsanleihe«. Ein halbes Jahr vor
der Kapitulation hinterließ dieses Antikriegsstück, das (wie Heinrich Braulich richtig vermerkt) »an jenem Punkt« stand, »wo der
Expressionismus der Kriegszeit in seiner letzten Konsequenz die
pazifistische Fessel zu sprengen versucht«[32], erschütternde Eindrücke beim Publikum. Die Behauptung eines der Matrosen, daß
er »nicht nur gut, sondern auch gern geschossen habe«[33], be-
leuchtete die Gräßlichkeit und Sinnlosigkeit des Krieges.

Ein Teil der noch bis 1918 gespielten Stücke trug der Kriegs-
müdigkeit, der Erkenntnis, daß dieser Krieg verlorengeht, Rechnung — von Hurrapatriotismus wie zu Beginn des uns angeblich
aufgezwungenen Feldzuges konnte keine Rede mehr sein. Kohl-
rübensuppen und Pferdefleisch waren beweiskräftigere Argu-
mente als Durchhalteparolen.

Pantomime und Ballett

Seit dem Jahre 1910, als sich Reinhardt von dem Schriftsteller Friedrich Freska die acht Bilder umfassende, Schauspieler und Tanzpersonal gleichermaßen beschäftigende Orient-Pantomime »Sumurûn« schreiben und von Victor Hollaender die dazu erforderliche Musik komponieren ließ, seit dieser Zeit wurde die Form der Pantomime als theatralische Darbietung (wie Oscar Bie es einmal ausdrückte) »System, Bekenntnis und Ausdruck der Reinhardtschen Persönlichkeit«[34]. Natürlich kam das alles nicht plötzlich. Pantomimische Elemente gab es schon in der »Salome«, in »Pelleas und Melisande«, im »Sommernachtstraum«. Auch spätere Shakespeare- und Molière-Aufführungen wurden durch Tanz- und Pantomimeneinlagen gewürzt.

Seit 1912 gab es neben dem Schauspielensemble auch eine Gruppe, die sich offiziell »Ballett des Deutschen Theaters zu Berlin« nannte. Ihr gehörten u. a. an: Maria Matray, Katja Sterna als Primaballerinen, Ballettmeister war Ernst Matray. Der Schwede Einar Nilson, über fünfzehn Jahre dem Reinhardt-Ensemble angehörend, war Kapellmeister, Komponist, Arrangeur. Tilly Losch ist als Gastsolistin ebenso zu nennen wie die junge, bildhübsche Norwegerin Lillebill Christensen.

Das Tanzspiel »Venezianisches Abenteuer eines jungen Mannes« (1912/13) schrieb Karl Vollmoeller, Hugo von Hofmannsthal steuerte die Libretti zu »Die Schäferinnen« (1915/16), »Die grüne Flöte« (1916/17) — das berühmteste dieser Art von Balletten — und das aus dem Theatermilieu stammende Divertissement »Prima Ballerina« bei. Auch der Chefbühnenbildner des Hauses, Ernst Stern, legte ein Tanz-Libretto vor: »Lillebills Hochzeitsreise«; hier tanzte Lillebill (Christensen) den Titelpart. All diesen Libretti legte der tüchtige Einar Nilson geschickte Arrangements nach Musiken von Mozart, Offenbach, Bizet oder Chopin unter.

Wir finden in dieser Zeit bis spät in die zwanziger Jahre hinein Gastspiele von Tänzern und Tänzerinnen, auch ganzer Tanzensembles sowohl in den Kammerspielen als auch im Deutschen Theater, können aber auch gleichzeitig beobachten, wie mancher der angeführten Titel aus der Schumannstraße an andere Berliner Bühnen abwanderte.

»Prima Ballerina«, Libretto Hugo von Hofmannsthal.
Im Ballettsaal. Lithographie von Ernst Stern

Man sprach einmal davon, daß einer, der Reinhardt sage, auch
»Das Mirakel« sagen müsse. Gottfried Kellers schlichte Novelle
»Die Jungfrau und die Nonne« und das Schauspiel »Schwester
Beatrix« von Maurice Maeterlinck wurden durch einen Freund
Reinhardts, den mit allen Theaterwassern gewaschenen Karl
Vollmoeller, in gigantomanische Formate umgemünzt. Hunderte
von Mitwirkenden, Orgel und Orchester (Musik von dem »Hän-
sel und Gretel«-Komponisten Engelbert Humperdinck), Lichtef-
fekte und Weihrauchdüfte, Ritter, Tod und Teufel waren zu besichtigen. Am 23. Dezember 1911 wurde diese auf religiöse Ge-
fühle und Gefühlchen getrimmte Massenschau in der Londoner
Olympia-Hall uraufgeführt. Zwei Jahre später war sie im Berliner Zirkus Busch zu sehen.[35] Ins Deutsche Theater kam dieses
Stück nie. In Amerika und Österreich wurde es — gleich dem »Jedermann« — nach vorausgegangener Riesenreklame zum Sensa-
tions- und Reisetheater. Und nicht zu Unrecht schrieb ein Kritiker: »Das Vollmoellersche Mirakel ist gar nicht so wunderbar
[...] — wie Reinhardt dies seit Jahren aushält: das ist das Mirakel.«[36]

Er hatte sich in Talmi verliebt. Es gibt eine Briefstelle bei Thomas Mann, in der vom »Puritanismus des Protestanten Brahm« und vom »Katholizismus Reinhardts« die Rede ist.[37] Mit dieser ironisch-klugen Bemerkung hat Thomas Mann das Ingenium dieser beiden Theaterleiter treffend gekennzeichnet.

Schauspieler bei Reinhardt

All die Künstler zu nennen, die bei Reinhardt seit dessen Kabarett-Zeit bis zum Ende seiner Berliner Theatertätigkeit fest oder mit Gastspielverträgen engagiert waren, würde bedeuten, ein separates Büchlein zu schreiben. Wie überall im Theaterleben seiner Zeit, gab es neben kurzfristigen Verträgen auch solche — wie der Theatermund es so hübsch ausdrückt — »mit Grabsteinverpflichtung«. Doch hinter dieser Bemerkung steckt mehr, nämlich

»Die grüne Flöte«, Pantomime von Hugo von Hofmannsthal, 1916/17.
Tanz des Zauberers. Lithographie von Ernst Stern

die unbedingte Treue Reinhardts zu den Künstlern, um deren Begabung er wußte und die für ihn spielplanbildend waren; man denke an das Beispiel Moissi!

Nicht jeder Name, der dem Leser dieses Buches vertraut sein wird, kann hier genannt werden. Erinnert sei an die Damen: Maria Bard, Elisabeth Bergner, Rosa Bertens, Maria Carmi, Louise Dumont, Tilla Durieux, Camilla Eibenschütz, Gertrud Eysoldt, Helene Fehdmer, Else Heims (Reinhardts erste Frau), Lucie Höflich, Hermine Körner, Jarmila Novotna (1931 die »Schöne Helena« in der Komödie am Kurfürstendamm), Friedel Schuster, Agnes Sorma, Agnes Straub, Helene Thimig (Reinhardts zweite Frau), Irene Triesch, Elsa Wagner, Hedwig Wangel.

Und die Herren: Alfred Abel (vielbeschäftigter Schauspieler der Stummfilmzeit), Victor Arnold, Ewald Balser, Albert Bassermann, Paul Biensfeld, Curt Bois, Ernst Deutsch, Wilhelm Diegelmann, Wilhelm Dieterle, Georg Engels, Egon Friedell, Alexander Granach, Eugen Klöpfer, Fritz Kortner, Werner Krauss, Paul Martin, Carl Meinhard, Alexander Moissi, Max Pallenberg, Emanuel Reicher, Richard Romanowsky, der junge Heinz Rühmann, Hans, Hermann und Hugo Thimig, Gustav Waldau, Hans Wassmann und nicht zuletzt Paul Wegener und Eduard von Winterstein.

Reinhardt und Hauptmann

»Reinhardt ist lecker; Brahm ist groß.«[38] Dieses bissige Bonmot des Kritikers Alfred Kerr weist präzis auf den grundlegenden Gegensatz Max Reinhardts zum realistischen Theaterstil seines Vorgängers. Es stellt sich die Frage, ob Hauptmanns Werk nach dem Ausscheiden Brahms im Deutschen Theater weiterhin gut aufgehoben war. Reinhardt hatte früher eine ganze Reihe von Hauptmann-Rollen gespielt, so zum Beispiel den Pastor Kittelhaus in den »Webern« (übrigens zusammen mit Margarete Marschalk, Hauptmanns zweiter Frau, als Anna Welzel), den alten Haufe in »Fuhrmann Henschel« (1898) und die Titelrolle in »Michael Kramer« (1900). Doch als Theaterleiter und Regisseur waren Reinhardts Bestrebungen völlig anderer Art. Beispielsweise hat er an

»Das Friedensfest« von Gerhart Hauptmann, 1907,
mit Max Reinhardt, Tilla Durieux, Friedrich Kayßler und Else Heims

seinen Bühnen den »Roten Hahn« niemals spielen lassen, auch
nicht »Vor Sonnenaufgang«. Fürs erste war Hauptmann ohnehin
seinem Freund Otto Brahm ans Lessing-Theater gefolgt. Das
heißt freilich nicht, daß sich Reinhardt für das Deutsche Theater
und seine weiteren Bühnen um Hauptmann nicht bemüht hätte.
Doch fürs erste konnte er nur *ein* Hauptmannstück herausbringen: »Das Friedensfest« am 7. Januar 1907 in den Kammerspielen, in dem auch Reinhardt mitwirkte.

Das Vorspiel bildete folgender Brief nach Agnetendorf:

»Deutsches Theater zu Berlin   den 5/10.1906
Direktion Max Reinhardt

Lieber und verehrter Herr Gerhart Hauptmann,
Nun ist der Bau unter Dach und Fach, und in ganz kurzer Zeit
werden wir die Kammerspiele des Deutschen Theaters eröffnen.
Sie verstehen diese Einleitung und erraten den Zweck meiner
Zeilen. Ich bitte Sie also, freundlichst in Erinnerung an unsere
Zusammenkunft in Agnetendorf auf Brahm wegen des »Friedens-

festes« einzuwirken. Wir haben, um die Sache nicht zu schädigen, es bisher vermieden, Ihr Werk in unseren Ankündigungen zu erwähnen. Nun aber, wo wir das endgültige Repertoire der Oeffentlichkeit übergeben müssen, brauchen wir die Entscheidung. Ich bitte Sie herzlichst, Ihren ganzen Einfluss zu unseren Gunsten geltend zu machen. Es erscheint mir so überflüssig, noch einmal zu wiederholen, wie sehr wir Alle hier im Hause Ihr Werk lieben und mit welcher Freude wir an die Arbeit gehen würden.

Zu besonderem Danke wäre ich Ihnen verpflichtet, wenn Sie uns *möglichst bald* ein gutes Resultat mitteilen könnten.

Darf ich ferner fragen, ob Sie bereits im Oktober in Berlin sind, damit wir Sie und Ihre Frau Gemahlin zur Eröffnungsvorstellung des neuen Hauses einladen können. Dieses kleine Theater wird Ihnen gefallen. Dessen bin ich sicher.

Bei der Gelegenheit möchte ich Sie noch um eine Freundlichkeit ersuchen. Wir bereiten für die Kammerspiele Wedekinds »Frühlingserwachen« vor. Der Zensor ist geneigt, das Werk freizugeben, legt aber Wert darauf, für den Fall, dass sich eine Debatte mit dem Polizeipräsidenten ergeben sollte, die Gutachten literarischer Persönlichkeiten in den Händen zu haben. Würden Sie die grosse Güte haben, uns einige Zeilen über den literarischen Wert des Werkes zu schreiben und in diesem Gutachten darauf hinzuweisen, dass der Ernst und die Art, mit denen das Thema behandelt ist, eine Verletzung des Schamgefühls ausschalten. Wedekind wird sich erlauben, das gleiche Ansuchen an Sie zu richten.

Mit herzlichen Grüssen und den besten Empfehlungen an die Frau Gemahlin — Max Reinhardt sendet ebenfalls ergebene Grüsse — in alter herzlicher Gesinnung
Ihr Felix Hollaender«[39]

Aber erst ab 1914 kam es zu einer engeren Zusammenarbeit zwischen Reinhardt und Hauptmann, ja sogar zu einer vertraglichen Vereinbarung. Von der Annäherung dieser beiden Männer zeugt ein Brief Reinhardts an Hauptmann vom 8. April 1915:

»Ich danke Ihnen aufrichtig für Ihre guten Worte. Sie wissen, es ist keine leere Redensart, wenn ich Sie darauf hinweise, dass es

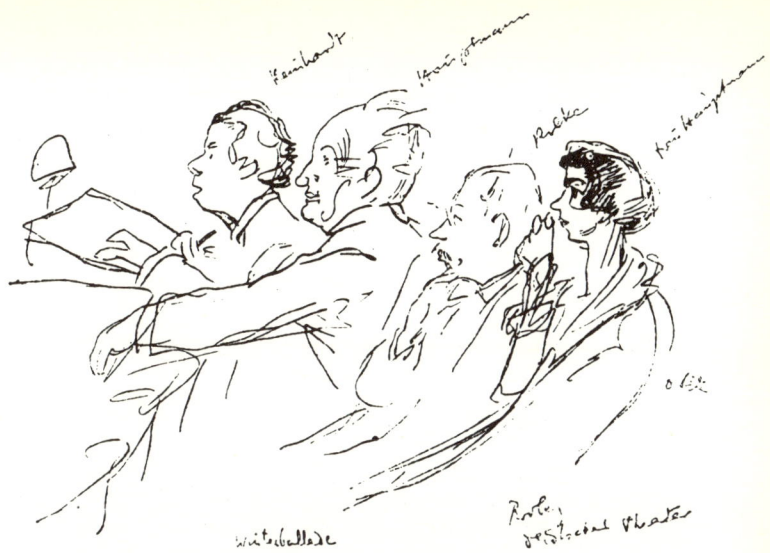

Reinhardt, Hauptmann, Rilke und Margarete Hauptmann auf der Probe
zu Hauptmanns »Winterballade«, 1916.
Bleistiftzeichnung von Emil Orlik

seit Jahr und Tag mein ganzes Bestreben war, dem Spielplan des
Deutschen Theaters Ihr Lebenswerk einzufügen. Ich hatte mir
von dieser Zusammenarbeit seit jeher die stärksten Anregungen
versprochen und war mir der Bedeutung dieser Sache stets be-
wusst. Ich hatte es immer schmerzlich bedauert, dass die Vereini-
gung zwischen Ihnen und mir durch den Zwang der Verhältnisse
nicht früher geschehen konnte. Umso glücklicher bin ich, dass
wir uns endlich finden durften ... Ich bin fest davon überzeugt,
dass wir noch viele schöne Dinge zusammen machen werden,
und ich sehe voller Freude Ihren neuen Arbeiten entgegen. Dass
Schluck und Jau nach wie vor den Spielplan beherrscht und ausgezeichnete Einnahmen erzielt, werden Sie erfahren haben. In
herzlicher Verehrung

Ihr Max Reinhardt«[40]

Bis 1933 sind zwar alle wesentlichen Stücke Hauptmanns am
Deutschen Theater (oder an anderen Reinhardt-Bühnen) gespielt
worden. Reinhardt selbst hat aber nach dem bereits erwähnten

»Friedensfest«, abgesehen vom »Festspiel in deutschen Reimen«, 1913 in Breslau, nur bei sechs Hauptmann-Stücken Regie geführt: »Schluck und Jau« (1915), »Der Biberpelz« (1916), »Winterballade« (U: 1917), »Hanneles Himmelfahrt« (1918), »Dorothea Angermann« (1926/27) und »Vor Sonnenuntergang« (1932). Wirklich durchschlagende Erfolge waren dabei nur bei

Eduard von Winterstein (Steynitz) und Werner Krauss (Clausen)
in Hauptmanns »Vor Sonnenuntergang«, 1932

PERSONEN

Matthias Clausen, *Geheimer Kommerzienrat* . . . . Werner Krauss
Wolfgang Clausen, *sein Sohn,*
  Professor der Philologie . . . . Mathias Wieman
Egmont Clausen, *genannt Egert,*
  des Geheimrats jüngster Sohn . . . . Hans Brausewetter
Bettina Clausen, *Tochter des Geheimrats* . . . Eleonora Mendelssohn
Ottilie, *Tochter des Geheimrats* . . . . Käthe Haack
Erich Klamroth, *Ottilies Mann* . . . . Oskar Sima
Paula Clothilde Clausen, geb. von Rübsamen . Maria Koppenhöfer
Steynitz, *Sanitätsrat* . . . . Eduard von Winterstein
Hanefeldt, *Justizrat* . . . . Paul Otto

PERSONEN

Immoos, *Pastor* . . . . Paul Henckels
Geiger, *alter Freund des Geheimrats Clausen* . . Max Gülstorff
Dr. Wuttke, *Privatsekretär des Geheimrats* . . Ludwig Stössel
Ebisch, *Gärtner* . . . . Jakob Sinn
Frau Peters, geb. Ebisch,
  dessen Schwester . . . . Helene Fehdmer
Inken Peters, *deren Tochter* . . . . Helene Thimig
Winter, *Diener bei Geheimrat Clausen* . . . . Paul Biensfeldt
Oberbürgermeister . . . . Heinrich Marlow
Stadtverordnete . . . . Hans Oberländer, Josef Weinau

Besetzungszettel der Uraufführung »Vor Sonnenuntergang«
von Gerhart Hauptmann, 1932

den beiden letztgenannten Inszenierungen zu verzeichnen. Daß
sich auch das persönliche Verhältnis zwischen Reinhardt und
Hauptmann bald freundschaftlich gestaltete, belegt ein Telegramm aus Salzburg, mit dem der Regisseur dem Dichter für dessen Glückwünsche zum 50. Geburtstag dankte. Es lautet:

»Mit achtzehn Jahren las ich in einer Wiener Bibliothek Deine
›Einsamen Menschen‹, mit fünfundzwanzig spielte ich Deine
Menschen, mit fünfunddreißig führte ich sie auf, und mit fünfzig
werde ich wieder in Wien damit anfangen. In diesem Lebenskreis
war ich ungezählte Male in glücklichster Liebe mit Dir verbunden und will es auch fernerhin bleiben. Ich danke Dir für die
schönen Worte, mit denen Du mich ausgezeichnet hast. Grüße
Dich und Deine Frau verehrungsvoll − Max Reinhardt.«[41]

Vor der Übernahme der Reinhardt-Bühnen durch Felix Hollaender 1920 scheint es auch Verhandlungen bezüglich einer Direktionsübernahme mit Gerhart Hauptmann gegeben zu haben. Am
27. Oktober 1920 veröffentlichte der »Simplicissimus« eine Karikatur[42] mit folgendem Text:

Und kommen schlechte Zeiten,
Schon rückt Herr Reinhardt aus
Und überläßt für Pleiten
Dem Dichter gern sein Haus.

183

Und ein Nachschlagewerk wußte noch 1928 in einem Hauptmann betreffenden Artikel zu berichten: »Lit. Regisseur der Reinhardt-Bühne Berlin«.[43] Es ist nicht recht ersichtlich, was sich hinter dem »literarischen Regisseur« verbarg und in welcher Funktion Hauptmann am Deutschen Theater wirksam wurde. Vielleicht hat es sich um eine Art von »Beratervertrag« gehandelt. Der in dieser Zeit bei Reinhardt tätige Regisseur Bernhard Reich äußerte sich dazu ebenfalls: »Es waren außerdem Literaten von Ruf angestellt, auch Nicht-Literaten, Leute aus guten Kreisen, gebildet und mit guten Manieren.«[44] Erinnert sei hier an zwei junge Dramaturgen — sie hießen Brecht und Zuckmayer —, die ebenfalls am Deutschen Theater engagiert waren.

Höhepunkt und Abschluß der Beziehungen zwischen Hauptmann und Reinhardt[45] war die Uraufführung von »Vor Sonnenuntergang« am 16. Februar 1932 in einer mit politischer Hochspannung geladenen Atmosphäre kurz vor dem Machtantritt Hitlers. Allerdings hatte Reinhardt in seiner Inszenierung durch kräftige Striche im fünften Akt den zeitkritischen Gehalt des Stückes und das, was Hauptmann in ihm als Ahnungen (nicht aus klarem politischem Wissen) über kommendes Unheil aussprach, auf eine Familientragödie unter Großbürgern reduziert. Er spürte nicht oder wollte es nicht wissen, daß an diesem denkwürdigen Theaterabend das Finale der Reinhardt-Bühnen in Deutschland begonnen hatte.

Die Zwischenzeit

Für die Zeit vom Oktober 1920 bis zum Oktober 1924, jene Jahre, in denen Reinhardt, die künstlerische Leitung seiner Häuser in der Schumannstraße an Felix Hollaender (1867—1931) übergab, ergibt sich für den heutigen Betrachter ein interessantes Phänomen: Theaterleute und Presse, große Teile des Publikums wußten, daß Reinhardt nicht mehr in Berlin, sondern in seiner Vaterstadt Wien tätig war. Ging man aber in die Schumannstraße, so geschah dies nicht unter dem Markenzeichen Hollaender — man ging nach wie vor zu Reinhardt. Auch von den Herren Karl Rosen (1923), dem darauf folgenden Ernst Licho und dem

Kammerspiele

Schumannstraße 14

Direktion: Felix Hollaender

Anfang
8 ¼ Uhr

Ende gegen
¾ 10 Uhr

Montag, den 29. Mai 1922

Vatermord

Schauspiel von Arnolt Bronnen

Regie: Berthold Viertel

Ignaz Fessel	. . . . Alexander Granach
Luise Fessel	. . . . Agnes Straub
Walter Fessel	. . . . Hans Heinrich v. Twardowski
Rolf Fessel	. . . . Elisabeth Bergner
Edmund	. . . . Walter Bluhm

Bühnenbilder und technische Einrichtung von Franz Dworsky

Beleuchtung: Paul Hoffmann

Täglich
8¼ Uhr: **Vatermord**

Schauspiel von Arnolt Bronnen

Der Vorverkauf findet für sämtliche angekündigten Vorstellungen an der Theaterkasse von
10–2 Uhr mittags statt

Felix Hollaender, 1927

seit 1926 in den Direktionszimmern des Deutschen Theaters tätigen Dr. Ernst Klein wurde kaum Notiz genommen.

Doch Hollaender war mehr als nur ein Stellvertreter. Er gab dem Deutschen Theater ein neues Gesicht. Zwar führte er — und dies rechtens — die von Reinhardt übernommenen Aufführungen fort; aber er, entdeckungsfreudiger Dramaturg, öffnete einer Reihe von jungen Autoren mit ihren Gegenwartsstücken die Bühnentür.

Max Reinhardt kehrte 1924 wieder nach Berlin zurück, zunächst nicht als Direktor, sondern, um als Regisseur in der Schumannstraße tätig zu sein. Am 14. Oktober 1924 ist der Name Max Reinhardt wieder in aller Munde. Wiederum hat er einen Welterfolg zu verzeichnen, zu dem ihm ein Autor und die Darstellerin der Titelrolle des Stückes verholfen haben: Shaws »Heilige Johanna« mit der umjubelten Elisabeth Bergner.

Bevor am 30. August 1928 im benachbarten Theater am Schiff-

186

bauerdamm sich der Vorhang hob und der Dreigroschen-Choral
ertönte, gab es in Berlin keine Brecht-Uraufführung. »Trommeln
in der Nacht« kam bereits in München heraus. Dort wie dann
auch in Berlin zeichnete Otto Falckenberg für die Regie verant-
wortlich. Im Deutschen Theater wurde in der Regie von Erich
Engel am 29. Oktober 1924 »Dickicht« (»Im Dickicht der

Elisabeth Bergner in der Titelrolle
von Shaws »Heiliger Johanna«, 1924

Deutsches Theater

Schumannstraße 12—13a

Anfang
7 1/2 Uhr

Mittwoch, den 15. Okt. 1924

Ende nach
10 1/2 Uhr

Die heilige Johanna

Eine dramatische Chronik in sechs Bildern und einem Epilog von Bernard Shaw

In der Uebersetzung von Siegfried Trebitsch

Regie: Max Reinhardt

Bühnenbilder und Kostüme: Oskar Strnad

Johanna	Elisabeth Bergner
Der Dauphin (später Karl VII. von Frankreich)	Rudolf Forster
Dunois, Bastard von Orleans	Paul Hartmann
Richard von Beauchamp Graf Warwic, englischer Feldherr	Paul Otto
La Trémouille, Marschall von Frankreich	Leopold v. Ledebur
Hauptmann La Hire	Franz Ludwig
Robert von Baudricourt, Schloßhauptmann	Walter Brandt
Bertrand von Poulengey	Mathias Wieman
Gilles de Rais, Blaubart	Ferdinand v. Alten
Herzogin von Trémouille	Hermine Sterler
Der Erzbischof von Reims	Friedrich Kühne
Peter Cauchon, Bischof von Beauvais	Hermann Vallentin
Kaplan von Stogumber	Walter Franck
Der Inquisitor	Ernst Gronau
Bruder Martin Ladvenu	Lothar Müthel
D'Estivet, Domherr	Hanns Nachrainer
Courcelles, Domherr von Paris	Werner Kepich
Ein Schloßverwalter	Martin Wolfgang
Der Scharfrichter	Fritz Kampers
Ein englischer Soldat	Kurt Wenzel
Ein Herr aus dem Jahre 1920	Paul Bildt
Ein Edelknabe bei Hof	Fred Jürgens
Ein Edelknabe Dunois'	Martin Jacob
Ein Edelknabe Warwic's	Naftali Lehrmann

Höflinge, Mönche, Soldaten, Henkersknechte

Ort der Handlung: Frankreich   Zeit: Die Jahre 1429, 1431 und 1456

Technische Einrichtung: Franz Dworsky   Beleuchtung: Paul Hoffmann

Pause nach dem fünften Bild

Täglich
7 1/2 Uhr:
Die heilige Johanna

Montag, den 20. Okt. 7 1/2 Uhr: **Michael Kramer**

In Vorbereitung: **Dickicht** von Bert Brecht   Regie: Erich Engel

Neueinstudierung: **Othello**   Regie: Paul Bildt

Städte«) gespielt; auch dieses Stück hatte in München 1923 seine
Uraufführung erlebt. Und als am 14. Dezember 1925 »Baal« in
die Schumannstraße kam, hatte dieses umkämpfte Stück bereits
seine zwei Jahre nach der Leipziger Uraufführung hinter sich.
Berlin war nicht sehr brechtfreundlich damals. Auch die »Rote
Fahne«, das Zentralorgan der Kommunistischen Partei Deutschlands, ritt manche Attacke gegen den jungen, noch nicht durch-
gesetzten Dichter. Bernhard Reich weiß zu berichten, daß die
Schauspieler sich weigerten, mit Brecht zu probieren — das Deutsche Theater galt als »Kriegsschauplatz«.[46]
Unter der Bezeichnung »Die junge Bühne« gab es damals auch
eine Schauspielervereinigung, zusammengesetzt aus Schauspielern
des Deutschen Theaters, aber auch anderer Berliner Bühnen, die
es sich zur Aufgabe machte, jungen Autoren zum Durchbruch zu

verhelfen, auch wenn das eine oder andere Stück über eine einzige Aufführung nicht hinauskam. Treibende Kaft dieses Unternehmens war Berthold Viertel. Von Carl Zuckmayer erfahren

»Der Hauptmann von Köpenick« von Carl Zuckmayer, 1931.
(Programmheft-Umschlag)

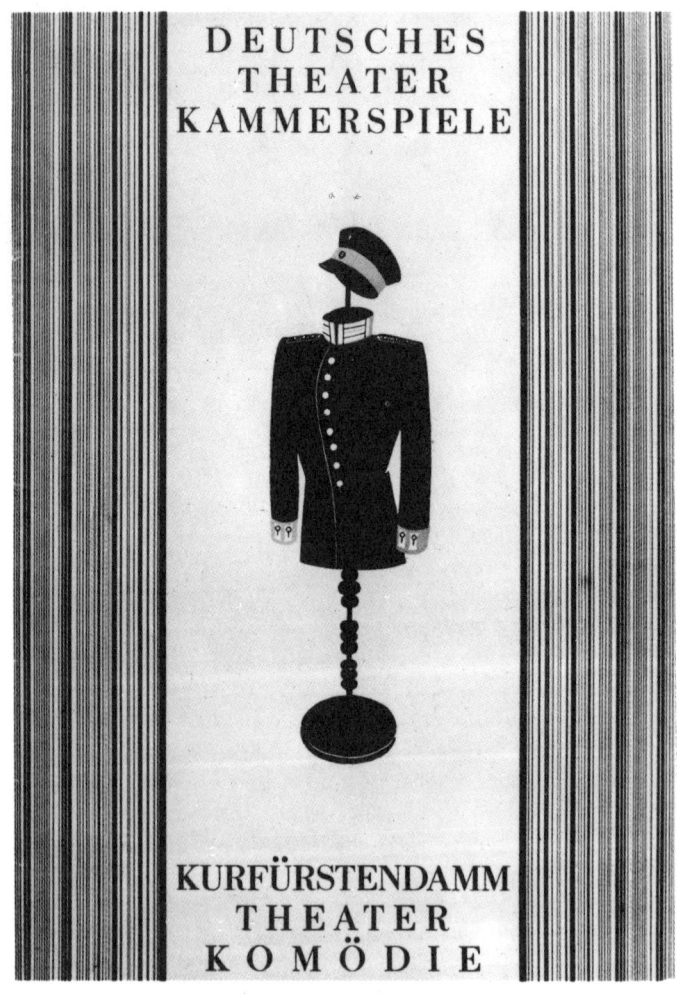

DEUTSCHES
THEATER
KAMMERSPIELE

KURFÜRSTENDAMM
THEATER
KOMÖDIE

Bühnenbild-Skizze von Ernst Schütte zu
»Phaea« von Fritz von Unruh, 1931

wir, daß sein Stück »Pankraz erwacht oder Die Hinterwäldler«
(1925) einen »fulminanten Theaterskandal« entfachte.[47] »Fege-
feuer in Ingolstadt« der jungen Marieluise Fleißer war im Jahre
1926 zu sehen.

Eine der interessantesten Bühnen Europas schließlich gastierte
1923 in der Schumannstraße: das Moskauer Kammertheater unter der Leitung von Alexander J. Taïrow mit der einzigartigen
Schauspielerin Alice Koonen.

Letzte Jahre in Berlin

1929 übernahm Reinhardt wieder die Gesamtleitung seiner Häuser in der Schumannstraße. Inzwischen hatte er sich allerdings so
etwas wie ein Berliner Theater-Imperium aufgebaut: Bereits 1924
kamen Die Komödie, 1926 das Theater am Kurfürstendamm
hinzu, zwei kleinere Bühnen, in welchen er Goldoni und Piran-
dello, aber auch das zu Wort kommen ließ, was man mit dem Begriff Boulevardtheater umreißt. 1928 nahm er auch das Berliner
Theater in der Charlottenstraße hinzu. Und nicht zu Unrecht

vermerkt Tilla Durieux, daß Hollaender (als die treibende Kraft) Reinhardt zum »Industriellen« machte.[48]

Nennen wir Reinhardts wesentlichste Aufführungen der letzten Jahre: »Die Fledermaus« (1929), in einer Inszenierung, wie Berlin dieses überschäumende und doch so schwer zu gestaltende Werk noch nie erlebt hatte. Am Dirigentenpult des Deutschen Theaters stand der junge österreichische Komponist Erich Wolfgang Korngold, Hans Moser gab den Frosch. Im Oktober des gleichen Jahres war Shaws »Kaiser von Amerika« zu sehen. Zu

Edmund Reinhardt, 1928

Karikatur von Goltz

seinem 25. Direktionsjubiläum, das ihm viele Ehrungen einbrachte und bei welchem er anläßlich eines Festbanketts seinen
Schauspielern die schönste Liebeserklärung machte – wie kein
Bühnenleiter je zuvor –, zeigte Reinhardt »Phaea« (1931), ein
schwaches Stück von Fritz von Unruh. (Ich, der ich diese Auffüh-
rung sah, erinnere mich gut daran, daß die Bühnenbilder von
Ernst Schütte mehr Beifall erhielten als das Stück.) Am 5. März
erfolgte die Uraufführung eines Stückes, das aus der Berliner
Theatergeschichte nicht mehr wegzudenken ist: Carl Zuckmayer
erlebte mit »Der Hauptmann von Köpenick«, inszeniert von
Heinz Hilpert, einen Theatertriumph sondergleichen. Zweimal
noch kehrte Reinhardt zu Offenbach zurück, im Kleinen wie im
Großen: »Die schöne Helena« in der Komödie und »Hoffmanns
Erzählungen« (1931), gleich einer Charell-Revue, im Großen
Schauspielhaus.

Im Juli 1932 gab Reinhardt abermals seinen Rücktritt von den
Direktionsgeschäften bekannt. Drei Jahre zuvor, am 18. Juli
1929, war sein Bruder Edmund gestorben, der als »Finanzgenie«
Reinhardts ungestörtes künstlerisches Wirken ermöglicht hatte.
Wiederum ging Reinhardt auf Gastspielreisen. Ein Gerangel um

die Nachfolge entstand: Der einstige Hamlet-Darsteller der Volksbühne, Carl Ludwig Achaz (Sohn des Großindustriellen Carl Duisberg) hielt nur für kurze Zeit den Direktionssessel inne. Danach zeichneten Karl Heinz Martin und Rudolf Beer bis zum Amtsantritt von Heinz Hilpert als Verantwortliche des Deutschen Theaters in jenen unheilvollen Tagen.

Noch einmal trat Reinhardt in der Schumannstraße ans Regiepult. Hugo von Hofmannsthals »Salzburger Großes Welttheater« war seine letzte Berliner Arbeit. Jene ahnungsvoll-prophetischen Verse des Bettlers, zuerst 1922 zu den Salzburger Festspielen gesprochen:

> Der Weltstand muß dahin, neu werden muß die Welt,
> Und sollte sie zuvor in einem Flammenmeer
> Und einer blutigen Sintflut untertauchen . . .[49]

— sie sind im Berlin von 1933 längst von der Realität eingeholt worden. Für den 7. März war die Premiere angesetzt. Am 30. Januar feierte die SA in einem Fackelzug Hitlers Ernennung zum Reichskanzler. Am 27. Februar brannte der Reichstag. Am 8. März 1933 verließ Reinhardt Berlin. Diesmal für immer.

»Er gehört zum Nationalvermögen Deutschlands«

Zum 25jährigen Direktions-Jubiläum am Deutschen Theater hatte Reinhardt ein Handschreiben K. S. Stanislawskis aus Nizza erhalten, in dem es hieß:

»Heute wird gesagt: Reinhardts Leben hat ein mächtiges Werk geschaffen — eins der besten Theater der Welt.

Aber was vielleicht noch mehr ist, es hat ein ganzes Geschlecht von Zuschauern, von talentvollen und großen Schauspielern, von Regisseuren hervorgerufen. Ihre Zeitgenossen haben von Ihnen eine unendliche Reihe von ganz verschiedenartigen, unvergeßlichen Bühnenschöpfungen erhalten.

Sie haben ausgearbeitet die vortrefflichsten Traditionen. Sie haben eine große Schule, eine ganze Kultur gegründet. [. . .]

Eines der größten Ihrer Verdienste ist, daß Sie die große von Ihnen geschaffene Kultur verstanden haben, während der Weltkatastrophe behutsam zu bewahren und dieselbe dann den späteren, jüngeren Generationen zu übergeben.«[50]

Nun stand eben dieser Generation eine neue Weltkatastrophe bevor. Die von Stanislawski genannte »ganze Kultur«, die eine Periode bürgerlicher deutscher Theaterkultur repräsentierte, war nun abgeschlossen, ebenso wie die Zeit der Weimarer Republik. Der Bankrott dieses Staatsgebildes offenbarte sich nun in seiner brutalsten Form, dem Faschismus. Bereits einen Monat nach dem Exodus Reinhardts, am 8. April 1933, schrieb der zeitweise zum tragischen »Polit-Chamäleon« gewordene Arnolt Bronnen im »Berliner Lokalanzeiger«: »Achtundzwanzig Jahre lang war Max Reinhardt der Direktor jenes Theaters, es wird viel Arbeit kosten, dies alles auszumerzen mit Stumpf und Stiel. Dieses Theater ist nicht mehr Reinhardt, sondern rein und hart.«[51]

Aus Oxford, am 16. Juni 1933, schrieb der Emigrant Reinhardt in einem Brief »An die Nationalsozialistische Regierung Deutschlands«, daß es für ihn »als bisherigen Eigentümer des Deutschen Theaters, der Kammerspiele und als Anteilhaber des Großen Schauspielhauses nur die einzige Möglichkeit« gäbe, »die Übernahme seines Lebenswerkes Deutschland anzutragen«. Seine »Geltung nach innen und außen, die dem Deutschen Theater eine Vorrangstellung in der Welt und als einzigem Privattheater vor sechs Jahren die staatliche Zuerkennung als Gemeinnützigkeit einbrachte, ist ein hoher Wert, der unter allen Umständen seine Pflege und Erhaltung rechtfertigt. *Er gehört zum Nationalvermögen Deutschlands.*«[52] Trotz Verkennung der realen politischen Machtverhältnisse trug er Deutschland — was der Humanist Reinhardt unter Deutschland verstand — die Übernahme seines Lebenswerkes an, nicht dem Nationalsozialismus.

Ab 1937 lebte Max Reinhardt ständig in den USA. Eine seiner letzten Arbeiten in dem von ihm gegründeten Workshop hieß: »Shakespeares Frauen — Narren und Lieder.« Am 31. Oktober 1943 ist er in New York gestorben.

Ein anderer Exulant war es, der fern von den USA in einer Gedenkrede vor Schauspielerkollegen von der großen Liebe sprach, die ein guter Regisseur in sich tragen müsse, und dann weiter ausführte: »Wir Schauspieler sind Max Reinhardt für diese Liebe dauernden Dank schuldig und werden diesen Dank durch unser Streben nach Wahrheit der Gestaltung und Reinheit der Empfindung zum Ausdruck bringen und sind im übrigen gewiß, daß sein Name im späteren deutschen Bühnenschaffen den Platz einnehmen wird, der ihm gebührt — dann, wenn die Liebe regiert und nicht mehr der Haß.«[53]

Der Ort, an dem diese Worte gesprochen wurden, war das Schauspielhaus in Zürich im Jahre 1943. Der Mann, der sie sprach, hieß Wolfgang Langhoff.

Zehn Jahre unter Heinz Hilpert
1934—1944

»Große Vorbilder schaffen Ehrfurcht vor dem Beruf, vor dem Bild
des Menschen und des Menschlichen.«

Heinz Hilpert

Auf einer Tafel im Rang-Foyer sind die Ehrenmitglieder des Deutschen Theaters verzeichnet. Als zwölfter Name steht: Heinz Hilpert.

Wer war dieser Mann?

Für uns Ältere ist er noch ein Begriff, der jungen Generation bleibt er ein Unbekannter. Wer war dieser Mann, der es verstanden hatte, dem Deutschen Theater während der Zeit des Nationalsozialismus sein künstlerisches Niveau zu erhalten, Gesinnung, Anstand, Würde zu wahren, Humanismus und Unerschrockenheit gegenüber faschistischer Kulturpolitik zu zeigen?

Heinz Hilpert (1890–1967) erlebte noch als theaterbesessener Junge im Lessing-Theater die strengen, in ihren Konzeptionen auf nüchterne Sachlichkeit bedachten Aufführungen unter Otto Brahm. Über die Berliner Volksbühne (1919–1922) gelangte er 1924 als Schauspieler und Regisseur an das von Louise Dumont und Gustav Lindemann geleitete Düsseldorfer Schauspielhaus. 1925 kam er als Oberspielleiter zu dem progressiven Leiter des Frankfurter Schauspielhauses, Richard Weichert. Von dort holte ihn Max Reinhardt nach Berlin an das Deutsche Theater, wo er von 1926 bis 1929 als Oberspielleiter und, nach einem kurzen Zwischenspiel am Berliner Künstlertheater von 1930 bis 1932, als Direktionsstellvertreter tätig war. 1932 bis 1934 amtierte Hilpert als Direktor der Berliner Volksbühne. Von 1934 bis 1944 war er Direktor des Deutschen Theaters und der Kammerspiele; seit 1938 stand auch das Josefstädter Theater in Wien unter seiner Leitung.

Wesentliche Inszenierungen Hilperts in jenen Jahren am Deutschen Theater waren neben denen der deutschen Klassiker Schiller, Kleist und Hebbel vor allem Shakespeares »Troilus und Cressida« (1927), »Die lustigen Weiber von Windsor« (1929) und »Antonius und Cleopatra« (1931). Von Ferdinand Bruckner brachte er 1928 »Die Verbrecher« und 1930 »Elisabeth von England« zur Uraufführung. In den »Verbrechern« machte er den bisherigen Revue-, Operetten- und »Hoppla, jetzt komm ich«-Filmhelden Hans Albers zum Charakterspieler; die Brucknersche »Elisabeth« fand in der klugen Darstellung von Agnes Straub eine gültige Interpretation. »Neidhardt von Gneisenau« (Wolfgang Goetz), ein Schauspiel aus den Befreiungskriegen von 1813, wurde 1926 unter seiner Regie im Gegensatz zu vielen Theaterstücken derselben Thematik kein klirrendes Schlachtenstück, sondern zu einem ehrlichen Bekenntnis patriotischer Haltung. Die Uraufführung von Horváths »Geschichten aus dem Wiener Wald« (1931), Hemingways »Kat« (1931) und Gustav Freytags »Journalisten« (1932), mit seiner durch die Bearbeitung von Felix Joachimson aktualisierten Satire auf die käufliche Presse, brachte er in mustergültigen Inszenierungen heraus. In Erinnerung gebracht werden muß ferner Bruno Franks Schauspiel »Zwölftausend« (1928), eine dramatische Weiterführung der Kammerdiener-Szene aus »Kabale und Liebe«. Und wer denkt heute noch daran, daß einer der größten Theatererfolge der Weimarer Republik, die Uraufführung von Zuckmayers »Hauptmann von Köpenick« (1931), auch Hilperts Verdiensten als Regisseur zuzuschreiben ist? Werner Krauss und Max Adalbert alternierten in der »Bombenrolle« des Schusters Voigt, den Bürgermeister gab unnachahmlich Max Gülstorff.

»Ein alter Theatermann kennt das Schaukeln . . .«

Reinhardt und Hilpert, ein seltsames Gespann! Beide voller Achtung vor der Leistung des anderen, beide grundverschieden in ihren Ansichten und Regiehandschriften. Der eine aus Wien, der andere aus Berlin kommend — allein das würde schon genügend über Mentalität und einer daraus resultierenden künstlerischen Haltung aussagen. Aber es ist nicht nur das Erbe der Vaterstädte, das diese Männer in sich tragen, es ist mehr. Einmal bekannte Hilpert: »Letzten Endes gehört meine Liebe immer dem Reinhardt sehr kontrapunktisch gegenüberstehenden Brahm, der zwar nicht so schöne bunte Sinnlichkeit wie Reinhardt hatte, dafür aber wirklich eine unendliche herzliche Nähe und geistige Weite. Trotzdem bleibt für uns das Phänomen Reinhardt eines der herrlichsten Erlebnisse unserer Jugend, und wenn wir uns auch weit davon entfernt haben — insbesondere ich persönlich —, so denke ich doch immer an das schöne Posa-Wort: ›Sagen Sie dem Prinzen, daß er für die Träume seiner Jugend soll Achtung tragen, wenn er Mann sein wird.‹«[1]

»Hilpert war ohne Zweifel der legitime Nachfolger Max Reinhardts«, stellte der im Jahre 1978 verstorbene Dramaturg Kurt Seeger in seinen Erinnerungen fest.[2] Er hat die gesamte Hilpert-Ära im Deutschen Theater miterlebt und kann als Kronzeuge jener Periode gelten. In seinen Manuskriptblättern heißt es:

»Hilpert setzte sich mit Max Reinhardt, der ja Deutschland bereits verlassen hatte, in Verbindung. Reinhardt antwortete ihm am 7. Oktober 1933 aus Venedig:

›Lieber Heinz Hilpert! Aus dieser unwahrscheinlich stillen Stadt, in der ich zu kurzer Ruh eingekehrt bin, schicke ich Ihnen meinen herzlichen Dank für Ihre guten Wünsche und für Ihre ganze Haltung mir gegenüber. Ein alter Theatermann kennt das Schaukeln von seinen Brettern her und weiß, daß es kein Leben ohne Auf und Nieder gibt. Er wundert sich auch nicht, daß die meisten Menschen sich dabei verfärben. Umso froher grüßt er den Kameraden, der fest auf seinen Beinen steht, den Sturm nicht fürchtet, sondern ihn beherrscht. In aufrichtiger Zuneigung, Ihr Max Reinhardt.‹«[3]

Das waren angesichts der in Nazideutschland obwaltenden Zensur für Auslandsbriefe sehr klug gewählte Worte, die auch von Hilpert richtig verstanden wurden. Denn dieser hatte, und das spricht von seiner Fairneß Reinhardt gegenüber, seine Zusage, das Deutsche Theater zu übernehmen, vom Einverständnis Reinhardts abhängig gemacht.

So betrat Heinz Hilpert nach den kurzlebigen Interimsdirektionen von Achaz, Beer und Martin zu Beginn der Spielzeit 1934 die Direktionsräume des Hauses in der Schumannstraße.

»... ein KZ auf Urlaub«

Die verwaltungsmäßige Situation der Berliner Bühnen während der Zeit des Nazismus war folgende: Die Staatsoper Unter den Linden, das Staatliche Schauspielhaus am Gendarmenmarkt und das dazu gehörende Kleine Haus in der Nürnberger Straße (früher Deutsches Künstler-Theater) unterstanden als Staatsbühnen offiziell dem Preußischen Ministerpräsidenten Hermann Göring. Die Städtische Oper in der Bismarckstraße, die Volksoper in der Kantstraße und die Volksbühne am Bülowplatz (damals in Horst-Wessel-Platz umbenannt) trugen zwar städtischen Charakter, unterstanden jedoch, wie auch alle privat geleiteten Bühnen Berlins, dem Zuständigkeitsbereich des Ministeriums für Volksaufklärung und Propaganda unter der Leitung von Dr. Joseph Goebbels. Dazu gehörte auch das Deutsche Theater, das in den Theateralmanachen jener Zeit als ein »gemeinnütziges, dem Propagandaministerium unterstehendes Theater« geführt wird. Hilpert wird als Pächter und künstlerischer Direktor ausgewiesen. Unter seiner Direktion erfolgte auch 1937 der bereits erwähnte (vgl. S. 155) Umbau der Kammerspiele.

Nochmals aus den Aufzeichnungen von Kurt Seeger:

»Der kritische Realismus Hilperts. Aus ihm heraus inszenierte er Shakespeare und Tschechow, Goethe und Kleist, Raimund und Nestroy, Hauptmann und Hebbel. Unter seiner Direktion erlebte das Deutsche Theater nach den Jahren der politisch bedingten Desinteressiertheit Reinhardts und den Zufälligkeiten der Übergangsperiode einen neuen künstlerischen Aufschwung im Sinne der hohen Tradition des Hauses, eine künstlerische Stabilisierung. Aber auch die ›politische Aussage‹ Hilperts in den zehn Jahren seines Wirkens während der Hitlerbarbarei, die ja den Bezirk nicht ausließ, verdient als geschichtliches Faktum bewahrt zu werden: Von über 200 Inszenierungen [das Wiener Theater in der Josefstadt ab 1938 als ehemalige Reinhardt-Bühne hinzugerechnet – A. D.] kamen ganze fünf NS-Autoren zu Wort, und auch diese fünf nur mit Stücken, die thematisch mit der nationalsozialistischen Weltanschauung nichts zu tun hatten (z. B. von Hanns Johst ›Der Einsame‹, ein Stück um den deut-

Der Regisseur Hilpert auf der Generalprobe
zu »George Dandin« von Molière, 1935,
mit Dolly Haas (Angelique) und Heinz Rühmann (Dandin)

»Die heilige Johanna« von G. B. Shaw, 1934.
Szene mit Paul Dahlke (Stogumber), Franz Pfaudler (Inquisitor),
Theodor Loos (Erzbischof), Paula Wessely (Johanna),
Albin Skoda (Ladvenu) u. a.

»Die Jungfrau von Orleans« von Friedrich Schiller, 1937.
Szene mit Luise Ullrich (Johanna), Hans Brausewetter (Dauphin) u. a.

schen Dichter Grabbe, von Hans Rehberg ›Friedrich I.‹, von Felix
Dühnen ›Uta von Naumburg‹ usw.) Dabei war Hilpert kein politischer Mensch im eigentlichen Sinne, er wirkte und handelte von
humanistischen, ja religiösen Standpunkten aus. Er sah und
fühlte die Unkultur und Intoleranz des Faschmismus und setzte
ihr auf *seine* Art Widerstand entgegen. Goebbels, sein unmittelbarer Vorgesetzter, schäumte nicht selten vor Wut, und überliefert
ist von ihm der Ausspruch: ›Das Deutsche Theater ist für mich
ein KZ auf Urlaub — laßt uns nur den Krieg siegreich beendet haben . . .‹ Auf der anderen Seite aber war er gerissen genug, Hilperts nichtfaschistisches Theater von Weltformat als Aushänge-
schild für eine Toleranz und Großzügigkeit des Faschismus inter-
national auszuschlachten.«[5]

Auch im Staatlichen Schauspielhaus am Gendarmenmarkt unter der Leitung von Gustaf Gründgens wurde »großes Theater«
gespielt. Und doch, wie grundverschieden boten sich diese beiden
großen Berliner Schauspielbühnen dar: Repräsentatives, zumeist

»Coriolan« von Shakespeare, 1937,
mit Ewald Balser (Titelrolle) und Paul Dahlke (Aufidius)

»Androklus und der Löwe« von G. B. Shaw, 1936/37,
mit Heinz Rühmann (Androklus) und Paul Dahlke (Kaiser)

»Candida« von G. B. Shaw, 1936/37,
mit Ewald Balser (James) und Käthe Dorsch (Candida)

»Die armseligen Besenbinder« von Carl Hauptmann, 1931,
mit Carsta Löck und Erich Ponto

»Schluck und Jau« von Gerhart Hauptmann, 1941,
mit Robert Taube (Schluck) und Walter Richter (Jau)

auf den Hausherrn zugeschnittenes Rollentheater im Schinkel-
bau; in der Schumannstraße dagegen Vorstellungen realistischer
Verdichtung, Klarheit und Härte, auch Spaß und Humor, wie
mit Nestroy und Raimund. Wie es einst Erich Ziegel in den Hamburger Kammerspielen, Otto Falckenberg und Erich Engel in
München zeigten und damit zum Ruhme deutscher Theaterkunst
beitrugen, gab auch Hilpert ein Theater der Wahrheit und nicht
des schönen Scheins. Er sagte einmal: »Die Arbeit des Regisseurs
dient dazu, die Wirklichkeit und den Zauber der Dichtung in die
Wirklichkeit . . . zu geben. — Eine Wirklichkeit ohne diesen Zauber wäre nüchtern, sachlich, trübe, negativ. Der Zauber ohne die
Wirklichkeit warmen, nahen Lebens — Chimäre!«[6]
Hilpert hatte gute Helfer: die Regisseure Erich Engel, Bruno

»Agnes Bernauer« von Friedrich Hebbel, 1940,
mit Robert Taube (Bernauer), Gisela von Collande (Agnes),
Albin Skoda (Herzog Albrecht), Eduard Benoni (Nusperger),
Hermann Wedekind (Wernberg), Otto Woegerer (Fraunhofer)

»König Richard II.« von Shakespeare, 1939/40.
Szene mit Rudolf Forster (Richard)

»Empedokles« von Friedrich Hölderlin, 1941/42,
mit Albin Skoda (Pausanias) und Hans Jungbauer (Empedokles)

»Amphitryon« von Heinrich von Kleist, 1942,
mit Gisela von Collande (Alkmene) und Ewald Balser (Jupiter)

»Der Bauer als Millionär« von Ferdinand Raimund, 1938,
mit Hans Moser (Fortunatus Wurzel) und Angela Sallocker (Die Jugend)

»Der Alpenkönig und der Menschenfeind« von Ferdinand Raimund.
Szenenbild

»Turandot, Prinzessin von China« nach Gozzi von Schiller.
Szenenbild

Hübner, Ernst Karchow, Paul Verhoeven und andere; Bühnenbildner wie Caspar Neher, Ernst Schütte; den Komponisten Rudolf Wagner-Regeny. Dieser bedeutende Musiker wirkte nach 1945 zunächst als Leiter der Musikhochschule in Rostock, später an der Musikhochschule »Hanns Eisler« in Berlin und an der Meisterklasse für Komposition der Akademie der Künste unserer Republik. Unter dem Datum des 27. 1. 1943 ist in seinem Tagebuch zu lesen: »Die Probe zu ›Antonius‹ [gemeint ist »Antonius und Cleopatra« von Shakespeare — Hilpert hatte das Stück wieder im Spielplan — A. D.] machte einen kläglichen Eindruck. Da stehen Schauspieler in Mänteln frierend auf der Bühne und sagen ihre Worte, die nichts mehr bedeuten in dieser Zeit des Mordens, des Quälens und der Zerrissenheit. Morgen habe ich im Deutschen Theater ›Nachtwache‹; muß mit Neher um sieben Uhr abends bis sieben Uhr morgens das Theater vor Diebstahl?

»Helena« von Hermann Roßmann, 1943,
mit Kitty Dore Lüdenbach (Helena), Ilse Steppat (Kassandra)
und Ursula Burg (Andromache)

Brand? oder Luftangriffen? behüten. An Nachmittagen aber kommen junge Leute zu mir und unterhalten sich begeistert über Hindemith und musikalische Probleme. Ich bemühe mich, in den Gesprächen das Wesentliche herauszuarbeiten, um beizutragen, daß der Wucher mit Halbtalenten und charmanten ›Machthabern der Musikpolitik‹ durchschaut werde.«[7]

Nennen wir einige Schauspielernamen: Ursula Burg, Gisela von Collande, Gertrud Eysoldt, Ursula Herking, Hilde Krahl, Elfriede Kuzmany, Gerda Maurus, Frieda Richard (die berühmte Mütterspielerin), Angela Sallocker, Ewald Balser, Hans Brausewetter, Josef Dahmen, Karl Hellmer, Christian Kayßler (Sohn von Friedrich Kayßler), Harry Liedtke, Heinz Rühmann, Erich Ponto. Was L'Arronge einst anstrebte, aber nicht zu erreichen vermochte — aus bedeutenden Schauspieler-Persönlichkeiten ein homogenes Schauspieler-Ensemble zu bilden —, das wurde nach Reinhardtschem Vorbild bei Hilpert zu künstlerischer Tatsache.

Die zahlreichen Briefe und Zeugnisse der Persönlichkeiten, denen Hilpert während der Zeit des Nazismus geholfen hat, ergäben eine stattliche Liste. Beispielsweise gelang es ihm, den Dichter Ernst Wiechert aus dem Konzentrationslager Buchenwald zu holen und demonstrativ dessen gegen den Krieg gerichtetes Stück »Der verlorene Sohn« (4. November 1938) zu spielen. Erwähnt werden müssen auch seine Dichter-Matineen, die — so erzählte mir noch Eduard von Winterstein — »wahre Demonstrationstendenzen wider den Ungeist offenbarten«. Und erwähnen muß man, mit welch bewegenden Worten Hilpert im Jahre 1943 in Wien die Gedenkrede auf den verstorbenen Max Reinhardt hielt. Dazu gehörte damals schon eine Portion Mut.

Wir würden der Persönlichkeit Hilperts nicht gerecht werden, ohne auch seine Haltung und sein Wirken nach 1945 zu werten. Nach dem Zusammenbruch des »Tausendjährigen Reiches« war zunächst Schweigen um ihn. 1947 fand er als Chefindentant der Städtischen Bühnen in Frankfurt am Main einen neuen Anfang. Von 1948 bis 1950 war er Intendant in Konstanz. Dem dortigen Stadttheater wie auch später dem Göttinger Theater, das er von 1950 bis 1966 leitete, gab er den Namen »Deutsches Theater«. Damit wollte er die moralische und schauspielerische Tradition der Schumannstraße im Westen Deutschlands fortführen — nicht

Wolfgang Langhoff, Heinz Hilpert und Eduard von Winterstein,
1958 in Berlin

als Affront, sondern als ein klares Bekenntnis zu seiner Berliner
Herkunft und seiner einstigen Wirkungsstätte.

Und er führte sie fort. Einen Monat nach Brechts Tod nahm er
beispielsweise »Mutter Courage« in den Spielplan auf. Diese Aufführung vom September 1956 wie auch eine Brecht-Morgenfeier
waren zu jenem Zeitpunkt angesetzt, als der Dichter in der Bundesrepublik Deutschland boykottiert und verunglimpft wurde.

Im Jahre 1958 lud Wolfgang Langhoff Hilpert ein, in der
Schumannstraße Tschechows »Drei Schwestern« zu inszenieren.
Im Verein mit Ursula Burg, Inge Keller und Margarete Taudte
erbrachte hier Langhoff als Werschinin unter Hilperts Regie eine
seiner schönsten Schauspielerleistungen.

Den alten Freund und Schauspielerkollegen Eduard von Winterstein, Nestor der deutschen Schauspielerschaft, ernannte Hilpert zum Ehrenmitglied des Deutschen Theaters von Göttingen.
Als in der Bundesrepublik die Wehrpflicht eingeführt werden
sollte, zeigte Hilpert durch seine bekundete Ablehnung Zivilcou-
rage, zog Haß und Geifer auf sich. Es war die Rede davon, daß

Hilpert im Grunde seines Wesens ein religiöser und unpolitischer Mensch gewesen sei. Möglich, daß er das war. Doch diese Zeit, wie schon die des Faschismus, zwang ihn, Partei zu ergreifen. Nach dem Verbot der KPD in der Bundesrepublik Deutschland (1956) hatte er der »Deutschen Volkszeitung«, Düsseldorf, in einem Interview auf die Frage »Was ist Ihre Meinung zu dem KPD-Verbot?« geantwortet: »Das ist eine ebenso törichte wie ungerechte Maßnahme. Ich finde diese Form der Ausschaltung der Kommunisten falsch. Das KPD-Verbot erinnert an die Zeiten des Nazismus.«[8]

Heinz Hilperts freundschaftliche Haltung zur DDR und seine Verbundenheit mit ihrem Theater drückte sich auch darin aus, daß er 1959 die Berufung zum Korrespondierenden Mitglied der Akademie der Künste der DDR annahm und sich aktiv an deren Arbeit beteiligte.

Bis zum Jahre 1966 leitete Hilpert die Göttinger Bühne. An seinem Grabe sprach 1967 der Intendant des Deutschen Theaters Berlin, Wolfgang Heinz, Worte des ehrenden Gedenkens und Dankes.

Quasi Epilog

Am 1. September 1944 schlossen das Deutsche Theater und mit ihm alle deutschen Bühnen ihre Pforten. Im Berliner Sportpalast hatte Goebbels den »totalen Krieg« gefordert. Noch ein Jahr zuvor, zu einer Zeit, da ein Großteil Berlins bereits in Schutt und Asche lag, hatte Hilpert das Drama »Helena« von Hermann Rossmann, inszeniert von Rudolf Hammacher, spielen lassen. Hier die Schlußszene dieses Stückes:

Ein Trojaner (Karl Hellmer):
> Ich seh nur Schutt und Asche. So weit ich sehe: alles Leben tot! Kein Hälmchen Hoffnung — nicht ein Strahl von Licht — siehst du denn mehr?

Kassandra (Ilse Steppat):
> Nacht wandert jetzt vorbei. Noch kann kein Mensch das nächste Frühjahr ahnen, das still heraufzieht vor dem neuen Tag. Ich seh' nicht mehr als du, Tod und Verwüstung, und weiß es doch: ein Fünkchen in der Asche, ein Samenkorn baut alles wieder auf!

Troer:
> Ich seh nur Dunkel — du, o Seherin?

Kassandra:
> Die Nacht hat einen morschen Stern verschlungen, ich seh' den Anfang einer neuen Welt!

Mag uns auch heute dieses neoklassische Pathos fremd erscheinen; 1944, als diese Worte auf der Bühne des Deutschen Theaters erklangen, waren sie letzte Mahnung, aber auch eine neue Zukunft verheißend. Sie brach an in dem Augenblick, als vom kriegszerschundenen einstigen Reichstagsgebäude die Fahne der siegreichen Sowjetarmee wehte, als man begann, in der Schumannstraße wieder Theater zu spielen. Denn: »Man muß sich um die Theater kümmern«, so lautete die Devise des ersten Sowjetischen Stadtkommandanten von Berlin, Generaloberst Bersarin.

Es begann mit der Intendanz des aus der Emigration nach Berlin zurückgekehrten Gustav von Wangenheim, Sohn des Schauspielers Eduard von Winterstein. Ihm wurde als erstem die schwierige Aufgabe zuteil, mit den Mitteln des Theaters Hirne und Herzen der Menschen vom einst eingeimpften Gift des Nazismus zu befreien. Unvergessen und für immer der Theatergeschichte zugehörend jene Aufführung von Lessings »Nathan dem Weisen« mit Paul Wegener in der Titelrolle. Nachfolger Wangenheims wurde Wolfgang Langhoff. Für ihn galt es, und dies besonders nach der im Jahre 1949 erfolgten Gründung der Deutschen Demokratischen Republik, das Deutsche Theater in eine Stätte sozialistischer Theaterkunst umzugestalten, eine Aufgabe, die er bis zu seinem durch Krankheit bedingten Rücktritt 1963 mit aller Theaterbesessenheit und politischer Verantwortung meisterte. Dann übergab er die Leitung der beiden Häuser an Wolfgang Heinz, in dessen Intendanzzeit die bis heute nicht vergessene »Nathan«-Aufführung mit dem Hausherrn in der Titelrolle fiel (1966). Er trat 1969 zurück. Zu seinem Nachfolger wurde der einstige Rostocker Generalintendant Hanns Anselm Perten bestellt. Doch ihm, dem u. a. die Entdeckung des Dramatikers Peter Weiss für die DDR zu verdanken ist, grünten in Berlin keine Theaterlorbeeren; seine Berliner Zeit währte nur von 1970 bis 1972. Nahezu zehn Jahre war Gerhard Wolfram, der heutige Leiter des Dresdener Staatsschauspiels, Chef in der Schumannstraße (1972–1982). Nur kurz dauerte die Intendanz des Leipziger Theaterwissenschaftlers Prof. Dr. Rolf Rohmer (1982/83); und nach der endlich abgeschlossenen Rekonstruktion des Hauses ruht seine Leitung seit 1984 in den Händen des Schauspielers Dieter Mann. Der Zuschauerraum des Deutschen Theaters in seiner historischen Bauart steht unter Denkmalschutz. Von der Decke blicken vier große Schauspieler der Vergangenheit — Devrient, Haase, Döring, Anschütz — aus Medaillon-Bildern auf uns herab.[1] Sie sahen Zuschauer kommen und gehen: das Bürgertum der L'Arronge-Zeit, die Bejaher und Verneiner der naturalistischen Bühnendichtung bei Otto Brahm; sie erlebten die Triumphe und auch Niederlagen Max Reinhardts; und sie erlebten diejenigen, die zur Zeit von Heinz Hilpert ins Deutsche Theater kamen, wohl wissend, daß man hier geistig kaum einer nazistischen Infiltration ausgesetzt war. Seit 1945 sahen und sehen allabendlich diese vier neue Menschen, neue Stücke.

Das Deutsche Theater trägt seit vielen Jahren den Titel »Staatstheater«.

Anhang

Anmerkungen

Vorwort

1 Kurt Raeck: Das Deutsche Theater zu Berlin unter der Direktion Adolph L'Arronge 1883—94. Diss. Phil. Berlin 1928. In: Mitteilungen des Vereins für die Geschichte Berlins, 45. Jg., H. 1/1928. Erschien auch als Broschüre im Verlag des Vereins für die Geschichte Berlins.

2 Das Deutsche Theater in Berlin. Hrsg. von Paul Legband, München 1909

3 Julius Hart: Das Deutsche Theater in Berlin. In: Bühne und Welt. Zeitschrift für Theaterwesen, Literatur und Kunst, II. Jg., 1. Halbband, Berlin 1900. Vgl. auch: Kritische Waffengänge, H. 4: Das Deutsche Theater des Herrn L'Arronge

4 Deutsches Theater. Bericht über 10 Jahre. Hrsg. Deutsches Theater, Berlin 1957

5 Vgl. Jacob Burckhardt: Weltgeschichtliche Betrachtungen, Stuttgart 1963

Das Friedrich-Wilhelmstädtische Theater

1 Der ehemalige sowjetische Major Mosjakow, einst Mitbegründer der »Möwe«, ist dort zuweilen heute noch als Gast anzutreffen.

2 Vgl. Hermann Voigt: Die Straßennamen Berlins, Berlin 1885

3 Robert Springer: Berlins Straßen, Kneipen und Clubs, Berlin 1850

4 Akten des Polizeipräsidiums zu Berlin betreffend Erteilung von Konzessionen. Staatsarchiv der DDR/Potsdam Rept. 111 — Adh. 2 — Th. 50

5 Emil Thomas (1836—1904) galt als einer der besten Vertreter des komischen Fachs in Berlin.

6 Emil Thomas: Erinnerungen eines Komikers, Berlin 1895, S. 411

7 Lieselotte Maas: Das Friedrich-Wilhelmstädtische Theater in Berlin unter der Direktion von Friedrich Wilhelm Deichmann in der Zeit zwischen 1848 und 1860, Diss. Phil. Berlin (West) 1965, S. 31
In der deutschen Theatergeschichtsschreibung wurde bis zum Erscheinen dieser Dissertation das Friedrich-Wilhelmstädtische Theater — weil anscheinend als trivial gewertet — recht stiefmütterlich behandelt. Weddigen (1904), Holl (1923) und Wahnrau (1957) u. a. begnügten sich meist mit wenigen Zeilen. Die Arbeit von Lieselotte

Maas ist die erste umfassende Darstellung dieses für Berlin so wichtigen Theaters und erschließt wertvolles Quellenmaterial.

8 Gerhard Wahnrau: Berlin. Stadt der Theater. Der Chronik I. Teil, Berlin 1957, S. 409

9 Louis Angely (1788—1835), Schauspieler, von 1828—1830 Komiker am neuerrichteten Königstädtischen Theater und Verfasser nach französischem Muster geschriebener Berliner Lokalstücke, z. B. »Sieben Mädchen in Uniform« (1825), »Das Fest der Handwerker« (1828), »Die Reise auf gemeinschaftliche Kosten« (1834), »Paris in Pommern« (1840)

10 Zit. in: Lieselotte Maas: Das Friedrich-Wilhelmstädtische Theater. a. a. O., S. 31

11 Zit. in: ebenda, S. 33

12 Zit. in: ebenda, S. 52

13 Zit. in: ebenda, S. 23

14 Zit. in: ebenda, S. 22f.

15 Emil Dominik: Das Friedrich-Wilhelmstädtische Theater. In: Der Bär. Berlin 1881. Zit. nach: Lieselotte Maas, Das Friedrich-Wilhelmstädtische Theater, a. a. O., S. 19

16 Der Schweizer Dichter Gottfried Keller (1819—1890) hielt sich von 1850 bis 1855 in Berlin auf, wo die Erstfassung seines Romans »Der grüne Heinrich« (1854) entstand. Die im folgenden zitierten Briefe sind an seinen Freund Hermann Hettner (1821—1882) gerichtet, der später als Literaturhistoriker berühmt wurde.

17 Gemeint sind: a) Karl August von Platen, Graf von Platen-Hallermünde (1796—1835), bürgerlich-republikanischer Dichter, Gegner der deutschen Landesfürsten, ging 1826 freiwillig ins Exil nach Italien; Vertreter einer der Antike und der Klassik sich annähernden Dichtkunst, b) Eduard Robert Prutz (1816—1872), Schriftsteller, Literaturkritiker und Historiker; hatte seiner, den Gedankengängen der Achtundvierziger nahestehenden Ansichten wegen ständig Schikanen Landes- und Universitätsbehörden zu erdulden. Seine Schriften sind heute trotz ihrer fortschrittlichen Haltung kaum mehr bekannt.

18 Kellers Briefe in einem Band. Ausgewählt und erläutert von Peter Goldammer, Berlin/Weimar 1967, S. 67ff.

19 Ebenda, S. 78, 80 f.

20 Emil Thomas: Erinnerungen, a. a. O., S. 416

21 Zit. in: Lieselotte Maas, Das Friedrich-Wilhelmstädtische Theater, a. a. O., S. 32

22 Eduard Devrient: Geschichte der deutschen Schauspielkunst, 2. Band, Berlin 1905, S. 460

23 Zit. in: Lieselotte Maas: Das Friedrich-Wilhelmstädtische Theater, a. a. O., S. 40

24 Zit. in: Heinz Schirmag: Albert Lortzing. Ein Lebens- und Zeitbild, Berlin 1982

25 Spenersche Zeitung, 29. 8. 1849. Zit. in: Maas, S. 43

26 Rudolph Hahn (1815—1889), Schauspieler, Bühnenautor, später Redakteur der »Märkischen Zeitung« in Neu-Ruppin

27 Angaben nach Maas, S. 33—52

28 Friedrich Graf von Wrangel (1784—1877), preußischer Generalfeldmarschall. Die in der bürgerlichen Berlin-Literatur immer wieder auftauchende Darstellung vom »gemütlichen und humorigen Papa Wrangel« ist eine notorische Geschichtslüge. Wrangel war ein Reaktionär übelster Sorte, der 1848 die konterrevolutionären preußischen Truppen kommandierte. »Papa Wrangel« war er für das königstreue Bürgertum, die unteren Schichten bezeichneten ihn schlechthin als einen »Schweinehund«.

29 August Wilhelm Weirauch (? —1883), Schauspieler und Bühnenautor, war einer der ersten, der auch das Berliner Industrieproletariat auf die Bühne brachte. Weitere Stücke: »Die Bummler von Berlin«, »Die Droschkenkutscher von Berlin«, »Die Mottenburger« (zus. m. Kalisch).
Bei Holl (a. a. O., S. 257) liest man über ihn: »Weirauch bietet in seinen ›Maschinenbauer von Berlin‹ als Echo der sozialen Bewegung zum Industriestaat, die mit der Gründung des Zollvereins und den ersten Eisenbahnen einsetzte, das Vorbild, von dem der Theaterpraktiker L'Arronge (1837—1909) sich leiten ließ.«

30 Staatsarchiv der DDR/Potsdam

31 Zit. in: Lieselotte Maas: Das Friedrich-Wilhelmstädtische Theater, a. a. O., S. 53

32 Zit. in: ebenda, S. 53f.

33 Vossische Zeitung, vom 21. 12. 1850. Zit. in: Lieselotte Maas: Das Friedrich-Wilhelmstädtische Theater, a. a. O., S. 56

34 Lieselotte Maas, Das Friedrich-Wilhelmstädtische Theater, a. a. O., S. 199

35 Emil Neumann war auch Direktor des Berliner Residenztheaters und des Kursaal-Theaters in Bad Ems, bekannt auch als Bearbeiter französischer Stücke von Sardou, Augier u. a.

36 Zit. in: Lieselotte Maas: Das Friedrich-Wilhelmstädtische Theater, a. a. O., S. 134

37 Theodor Everhart L'Arronge (1812—1878), Schauspieler und Regisseur, seit 1846 am Königstädtischen, ab 1851 für kurze Zeit am Friedrich-Wilhelmstädtischen Theater engagiert. Hatte u. a. seine Verdien-

ste bei der Durchsetzung der frühen Stücke von Kalisch »100 000 Taler« und »Berlin bei Nacht«.

Das Löwenhaupt von Berlin

1 Konrad Alberti (eigtl. Sittenfeld, geb. 1862), war ursprünglich Schauspieler, schrieb auch Theaterstücke; Verfasser dramaturgischer und literaturhistorischer Abhandlungen, u. a. »Herr L'Arronge und das Deutsche Theater. Drei Briefe an eine Freundin« (Leipzig 1884). — Zit. nach Raeck, a. a. O., S. 4

2 Siegwart Friedmann (1842—1916), bedeutender Charakterschauspieler an vielen deutschen Bühnen

3 Vertrauliche Theaterbriefe, Berlin 1909 — Zit. nach Raeck, a. a. O., S. 4

4 Ebenda

5 Kurt Raeck: Das Deutsche Theater, a. a. O., S. 6

6 Lessing: Hamburgische Dramaturgie, 101.—104. Stück, Ges. W. 6, Berlin 1954, S. 509

7 Schiller: Was kann eine gute stehende Schaubühne eigentlich wirken? In: Nationalausgabe, 20. Band, Weimar 1962, S. 99

8 Kurt Raeck: Das Deutsche Theater, a. a. O., S. 13

9 Zit. nach: ebenda, S. 14

10 Zwei zeitgenössische Meinungen über die Volksstücke L'Arronges: »Eine sittliche Tendenz spricht sich in allen L'Arrongeschen Stücken aus. Es ist der Sieg praktischer Verständigkeit und Arbeitsfreudigkeit über hohles Scheinwesen und lächerliche Verbildung, den seine Helden davontragen. Oft mischt sich auch in diese gesunde Lebensauffassung ein klein wenig Philistertum, aber niemals in geschmackloser Form. [...] L'Arronge ist Moralist, freilich in bestimmten engen Grenzen.« (E. Mensch: Konversations-Lexikon der Theater-Litteratur, Stuttgart o. J.[1896], S. 164f.)
»Ich ärgerte mich ein klein wenig über allerhand Rührsamkeiten und Trivialitäten, mußte mir aber doch sagen, daß L'Arronge von diesen vielleicht notwendigen Gewürzen des ›Volksstückes‹ bescheidenen Gebrauch macht; ich ärgerte mich etwas häufiger über einen unverwüstlichen Optimismus, der sich nicht auf ernste Anschauungen (solch philosophischer Optimismus ist eine der schönsten Himmelsgaben), sondern auf leidige Bequemlichkeit, wenn nicht gar Theaternützlichkeit stützt.« (Victor Klemperer: Adolph L'Arronge. In: Bühne und Welt, X. Jg., Berlin 1907/08, 1. Halbband, S. 483f.)

11 Staatsarchiv der DDR/Potsdam — Rep. 30 — Bln C —Tit. 74 —
Sign. Th. 291 — Blatt 134/135

12 Zit. in: Gerhart L'Arronge: Das Löwenhaupt von Berlin. Schreibmaschinen-Manuskript, pag. 254f. (Standort: Märkisches Museum, Berlin)

13 Ludwig Barnay: Erinnerungen, Berlin 1953, S. 349

14 Staatsarchiv der DDR/Potsdam — Rep. 30 — Bl. C — Tit. 74 —
Sign. 1754 — Blatt 1

15 Adolph L'Arronge: Deutsches Theater und Deutsche Schauspielkunst, Berlin 1896, S. 65

16 Ebenda, S. 72

17 Sämtliche Hausregeln und andere betreffende Stellen in: Manuskript
Gerhart L'Arronge, pag. 260ff.

18 Ebenda, pag. 265

19 Zit. ebenda, pag. 311

20 Otto Brahm: Theater, Dramatiker, Schauspieler, Hrsg. Hugo Fetting, Berlin 1961, S. 229

21 Ebenda, S. 235

22 Ebenda

23 Ebenda, S. 236

24 Zit. in: Manuskript Gerhart L'Arronge, pag. 572

25 Otto Brahm, Theater, Dramatiker, Schauspieler, a. a. O., S. 157

26 Ebenda, S. 232

27 Adolph L'Arronge: Deutsches Theater, a. a. O., S. 79

28 Zit. in: Manuskript Gerhart L'Arronge, pag. 640

29 Carl Ludwig Schleich: Besonnte Vergangenheit, Leipzig 1977, S. 186

30 Ludwig Barnay: Erinnerungen, a. a. O., S. 358

31 Adolph L'Arronge: Deutsches Theater, a. a. O., S. 77

32 Ebenda, S. 73

33 Bühne und Welt, II. Jg., Berlin 1899/1900, S. 269

34 Kurt Raeck: Das Deutsche Theater, a. a. O., S. 16

35 Ebenda

36 André Antoine (1858—1943), franz. Theaterleiter. Ursprünglich in
verschiedenen Berufen tätig, darunter auch als Buchhalter der Pariser
Gasanstalt, wechselte er 1887 zum Theater über. Gründer des »Théâtre-Libre«, einer Bühne, die als Vorgängerin der 1899 in Berlin ent-
standenen »Freien Bühne« anzusehen ist. Antoine war ein den kritischen Realisten verschworener Theatermann: seine Autoren hießen
Hauptmann, Ibsen, Björnson, Zola, Tolstoi usw. Vgl. André Antoine:
Meine Erinnerungen an das Théâtre-Libre, Berlin 1960

37 Zit. in: Manuskript Gerhart L'Arronge, pag. 649

38 Gerhart Hauptmann: Das Abenteuer meiner Jugend, Berlin/Weimar 1980, S. 581, 585ff.

39 Paul Schlenther (1854—1916), Theaterkritiker, Schriftsteller; Vertreter der naturalistischen Richtung, Mitbegründer des Vereins »Freie Bühne«, 1898—1910 Direktor des Wiener Burgtheaters, später Kritiker am Berliner Tageblatt.

40 Paul Schlenther: Gerhart Hauptmann, Berlin 1898, S. 111

41 Zit. in: Ausstellungskatalog »Gerhart Hauptmann — Leben und Werk«, Deutsches Literaturarchiv Marbach a. N. 1962, S. 71

42 Zit. in: Manuskript Gerhart L'Arronge, pag. 602f. (Erstveröffentlichung)

43 Manuskript Gerhart L'Arronge, pag. 614

44 Ebenda, pag. 615

45 Zit. ebenda, pag. 614 (Erstveröffentlichung)

46 Zit. ebenda, pag. 615 (Erstveröffentlichung)

47 Zit. ebenda, pag. 624f. (Erstveröffentlichung)

48 Zit. ebenda, pag. 629 (Erstveröffentlichung)

49 Franz Mehring: »Eine Diebskomödie«. In: Zur Literaturgeschichte von Hebbel bis Gorki, Berlin 1929, S. 152f., RUB 246, S. 377

50 Zit. nach: Ausstellungskatalog »Gerhart Hauptmann«, a. a. O., S. 86

51 Zit. in: Manuskript Gerhart L'Arronge, pag. 633 (Erstveröffentlichung)

Das Deutsche Theater unter Otto Brahm

1 Gustav Mahler: Briefe 1879—1911. Hrsg. von Alma Maria Mahler, Wien 1924, S. 103

2 Paul Schlenther: Kritische Schriften, 2. Bd., Berlin 1915

3 Rudolf Kurz: Der Stil der Peripherie. In: Das Theater, Jg. 1909/10, S. 18

4 Wilhelm Scherer (1841—1886), Germanist, Literaturwissenschaftler

5 Adolf Stoecker (1835—1909), begründete 1878 die antisemitische Christlich-soziale Partei. »Judenfeindschaft war ihm ein Zweck zur Bekämpfung liberaler Ideen.« (Lexikon des Judentums, Gütersloh 1967, S. 778) Stoecker galt als besonderer Protegé der einstigen Kaiserin Auguste Victoria.

6 Staatsarchiv der DDR/Potsdam. Rep. 30 — Bln C — Tit. 74 — Sign. 292

7 Alfred Kerr: Mit Schleuder und Harfe. Hrsg. von Hugo Fetting, Berlin 1981, S. 598f.

8 Julius Bab (1880—1955), Schriftsteller, Kritiker, langjähriger Drama-

turg der Volksbühne Berlin. Nach 1933 Dramaturg am Theater des Jüdischen Kulturbundes in Berlin. Veröffentlichte theaterwissenschaftliche Werke und Schauspielerbiographien, darunter »Der Mensch auf der Bühne«. War Mitglied der SPD, der er auch während seiner Exilzeit in Amerika treu blieb.

Zit. nach Bab: Das Theater der Gegenwart, Leipzig 1928, S. 72

9 Ebenda, S. 109

10 Zuerst veröffentlicht in der Monatszeitschrift »Die Volksbühne« (1892/93), dann in Mehrings »Zur Literaturgeschichte« übernommen, S. 104

Zit. nach: Aufsätze zur deutschen Literaturgeschichte, S. 104

11 Gerhart Hauptmann: Prolog zur Eröffnung des Deutschen Theaters In: Ährenlese, Berlin (West) 1964, S. 309

12 Werner Henze: Otto Brahm und das Deutsche Theater in Berlin, Diss. Phil. Berlin 1930, S. 89

13 Vgl. Julius Bab: Das Theater der Gegenwart, a. a. O., S. 69f.

14 Zit. ebenda, S. 70

15 Cord Hachmann (1848–1905), Schauspieler und Regisseur; war als Regisseur bereits an der »Freien Bühne« tätig, wo er u. a. die Uraufführung der »Weber« inszenierte.

16 Emil Lessing (1857–1921), war Regisseur bei Brahm, später der erste Direktor der Volksbühne. Dort war er seiner trockenen und im Grunde mehr philologischen als theatralischen Haltung wegen glücklos und wechselte zum Journalismus über. Er war »bestenfalls ein tüchtiger Feldwebel, der dafür sorgen konnte, daß der äußere Apparat klappte«. (Bab: Theater der Gegenwart, S. 72)

17 Zit. nach: Julius Bab: Das Theater der Gegenwart, a. a. O., S. 54

18 Mehring: Aufsätze zur deutschen Literaturgeschichte, S. 105

19 Heinrich Mann: Schlaraffenland, Berlin 1962, S. 114

20 Siegfried Jacobsohn (1881–1926), gründete 1905 »Die Schaubühne«, ab 1918 »Die Weltbühne«. Hervorragender Theaterkritiker, glänzender Stilist.

Zit. nach: Schaubühne 1912

21 Vgl. Werner Henze: Otto Brahm, a. a. O., S. 95

22 Vgl. Julius Bab: Das Theater der Gegenwart, a. a. O., S. 73

23 Vgl. Werner Henze: Otto Brahm, a. a. O., S. 95

24 Georg Brandes (1842–1927), dänischer Literaturwissenschaftler; bedeutendstes Werk »Hauptströmungen der Literaturgeschichte des 19. Jahrhunderts«.

Zit. nach: Henrik Ibsen, Berlin o. J., S. 72

25 Arthur Eloesser (1870–1938), Theaterkritiker der »Vossischen Zeitung« in Berlin

Zit. nach: »Das Theater in Berlin«. In: Süddeutsche Monatshefte, III. Jg. Bd. V, Stuttgart 1906, S. 669f.

26 Herbert Jhering (1888—1977), Theaterwissenschaftler und Kritiker; sein großes Verdienst ist die frühe Anerkennung Brechts und sein unermüdlicher Kampf um die Durchsetzung dieses Dramatikers; nach 1945 erster Chefdramaturg des Deutschen Theaters; zahlreiche Bücher über Theater und Kulturpolitik.
Zit. nach: Deutsches Theater. Bericht über 10 Jahre, Berlin 1957, S. 183

27 Eduard von Winterstein (1871—1961), bedeutender Schauspieler der Brahm- und Reinhardt-Zeit sowie der Zeit nach 1945; spielte nach Wegeners Tod (1948) jahrelang den Nathan. Zu seinen großen Leistungen zählt auch der Professor Sonnenbruck (1949) in dem Schauspiel »Die Sonnenbrucks« des polnischen Autors Léon Kruczkowski.
Zit. nach: Mein Leben und meine Zeit, Berlin 1951, S. 339

28 In: Die Schaubühne Nr. 7, 15. Febr. 1906 u. Nr. 49, 5. Dez. 1912

29 Vossische Zeitung, Zit. nach: Henze, Otto Brahm

30 Staatsarchiv der DDR/Potsdam — Rep. 30 — Bln C — Tit. 74 — Sign. 292 — Blatt 48ff.

31 Ebenda

32 Trauerrede Gerhart Hauptmanns für Otto Brahm. Zuerst veröffentlicht in: Deutsche Zeitung, 1. Dez. 1912
Zit. nach: Gerhart Hauptmann. Die Kunst des Dramas. Hrsg. Martin Machatzke, Berlin/Frankfurt a. M. 1963, S. 154f.

33 Zit. ebenda, S. 105

34 Zit. in: Hans von Hülsen: Gerhart Hauptmann, Leipzig 1927, S. 97

35 Theodor Fontane an Otto Brahm, Brief vom 17. 12. 1896. In: Schriften zur Literatur, Berlin 1960, S. 368

36 Zit. nach: Hauptmann-Katalog, Marbach 1962, S. 115

37 Alfred Kerr: Die Welt im Drama, Berlin 1917, S. 78

38 Zit. nach: Marbacher Magazin 10/1978, S. 17 (Katalog zur Sudermann-Ausstellung in Marbach 1978)

39 Zit. nach: Hauptmann-Katalog, a. a. O., S. 126

40 Zit. nach: Sudermann-Katalog, a. a. O., S. 17

41 Brief enthalten in: Sammlung Bennewiz, Märkisches Museum Berlin — Erstveröffentlichung

42 Paul Schlenther in: Berliner Tageblatt, 14. 1. 1911

43 Zit. nach: Martin Machatzke, a. a. O., S. 156

Die Ära Reinhardt

1 Max Kruse — einer der ersten auf Hiddensee siedelnden Künstler — verheiratet mit der berühmten Puppen-Gestalterin Käthe Kruse.

2 Lovis Corinth (1858—1925): zwar galt dieser Maler neben Max Liebermann als der typische Vertreter des deutschen Impressionismus, ist jedoch seiner sich öfter ändernden Malweise wegen schwer zu klassifizieren. Schuf für Reinhardt auch noch die Dekors zu »Pelleas und Melisande« (3. 3. 1903) und »Elektra« (30. 10. 1903). Berühmt sein Bild: Rudolf Rittner als Florian Geyer.

3 Max Reinhardt: Schriften. Aufzeichnungen. Reden, Hrsg. Hugo Fetting, Berlin 1974, S. 78

4 Das Deutsche Theater in Berlin, Hrsg. Paul Legband, München 1909, S. 19

5 Max Epstein: Max Reinhardt, Berlin 1918, S. 98f.

6 Julius Bab: Das Theater der Gegenwart, a. a. O., S. 125

7 Zitiert nach: Ernst Bergmann: Der Fall Reinhardt oder der künstlerische Bankerott des Deutschen Theaters zu Berlin. Eine kritische Studie, Eigenverlag, Berlin 1906

8 Heinrich Braulich: Max Reinhardt. Theater zwischen Traum und Wirklichkeit, Berlin 1969, S. 35

9 Vgl. Ernst Stern: Bühnenbildner bei Max Reinhardt, Berlin 1955, S. 30f.

10 Das hier wiedergegebene Zitat sowie weitere, die Kammerspiele betreffende Aussprüche Reinhardts finden sich in allen Reinhardt-Publikationen.

11 Max Reinhardt: Schriften, a. a. O., S. 66

12 Ebenda

13 Nach Harald Zielske: Deutsche Theaterbauten bis zum zweiten Weltkrieg, Berlin 1971, S. 251f.

14 Eduard von Winterstein: Mein Leben und meine Zeit, a. a. O., S. 498

15 Harry Graf Kessler (1868—1937), in adeligen Kreisen als »Roter« verschrien. Gründete 1913 in Weimar die »Cranach-Presse«. Als kunst- und literaturbegeisterter Mäzen dem Malik-Verlag nahestehend, auch Mitherausgeber der Zeitschrift »Pan«. Emigrierte 1933, starb in einem Dorf in Burgund.

16 Henry van de Velde (1863—1957), einflußreicher Meister des Jugendstils, schuf die Voraussetzungen für die Gründung des Bauhauses.

17 Zit. nach: Peter Krieger: Die Bühnenentwürfe für Ibsens »Gespenster« und für »Hedda Gabler«. In: Edvard Munch, Der Lebensfries. Katalog zur Munch-Ausstellung in der Nationalgalerie Berlin, Staatliche Museen Preußischer Kulturbesitz, Westberlin 1978, S. 14

18 Ebenda, S. 16

19 Ebenda

20 Eines von Munchs Rathenau-Bildern, 1907, in der Zeit des Reinhardt-Frieses, entstanden, befindet sich im Märkischen Museum Berlin.

21 Zit. nach: Peter Krieger, Bühnenentwürfe, a. a. O., S. 16f.

22 Ernst Stern: Bühnenbildner, a. a. O., S. 38f.

23 Peter Krieger: Bühnenentwürfe, a. a. O., S. 18

24 Zit. nach: Peter Krieger: Bühnenentwürfe, a. a. O., S. 32, 42

25 Max Pechstein: Erinnerungen, Wiesbaden 1960, S. 47

26 Betty Hennings, dänische Schauspielerin; sie war 1879 die erste Nora.

27 Siegfried Jacobsohn: Max Reinhardt, Berlin 1910, S. 31

28 Ebenda

29 Staatsarchiv der DDR/Potsdam — Rep. 30 — Bln C — Tit. 74 — Sign. Th. 879 — Blatt 18a

30 Gusti Adler: Max Reinhardt. Sein Leben, Salzburg 1964, S. 43

31 Wadim Kiselew und L. J. Gurewitsch in: »Die Rede« und »Reinhardt oder Stanislawski?«, Petersburg 1911

32 Heinrich Braulich: Max Reinhardt, a. a. O., S. 153

33 Ebenda

34 Oscar Bie: Die Ballette des Deutschen Theaters. (Vorwort zu einem Bildband von Ernst Stern), Berlin 1918

35 Der Stiftsprobst Dr. Franz Kaufmann schrieb: »Tausende lauschen und schauen jeden Abend dort der Aufführung des Schauspiels [. . .]. Ich habe das Empfinden: die Liebe und Barmherzigkeit der Mutter Gottes ist vielen, vielen Menschen, die nichts davon wissen, durch das ›Mirakel‹ in ergreifender Weise nähergerückt, diese direkt religiöse Wirkung wird ohne Zweifel bei zahlreichen Zuschauern nicht ausgeblieben sein.« (Zit. nach: Braulich, a. a. O., S. 134)

36 Carlotto Graetz in: Das Tagebuch, 8. April 1927

37 Vgl. Thomas Mann. Gesammelte Werke, Bd. 12 (Altes und Neues), Berlin 1956, S. 480

38 Alfred Kerr: Das Mimenreich (Die Welt im Drama, Bd. 5), Berlin 1917, S. 63

39 Standort: Staatsbibliothek Berlin (West), Gerhart-Hauptmann-Abteilung (Erstveröffentlichung)

40 Ebenda (Erstveröffentlichung)

41 Ebenda (Erstveröffentlichung)

42 Standort: Märkisches Museum Berlin

43 In: Wer ist's?, IX. Ausgabe, Berlin 1928

44 Bernhard Reich: Im Wettlauf mit der Zeit, Berlin 1970, S. 114

45 Telegramm Reinhardts an Hauptmann auf Hiddensee vom 15. Juli
   1931:
   »Dein wunderbarer, zwingend dramatischer Stoff will mir nicht aus
   dem Sinn. Ich weiß, daß gegen die Naturnotwendigkeiten Deines
   Schaffens mein Wort allzuschwach ist. Vielleicht findet es aber in
   einem glücklichen Augenblick den Weg zu Dir. Dem heutigen Thea-
   ter, das von der Zeit gewürdigt wird, tut nichts dringender not als der
   Dichter, der die Zeit meistert.« Standort: Staatsbibliothek Berlin
   (West), Gerhart-Hauptmann-Abteilung (Erstveröffentlichung)
   Telegramm Hauptmanns an Reinhardt vom gleichen Tag:
   »Lieber Max Reinhardt! Dein Telegramm in schwerem historischem
   Augenblick, steigert meine Konzentration und ich danke Dir vielmals.
   Ich schreite in der Arbeit ruhig fort und ich hoffe, sie Dir zur Zeit vor-
   legen zu können. Wenn es soweit ist, telegraphiere ich. Man muß ver-
   fahren wie der Goldschmied in Goethes ›Diana‹ der ›Epheser‹. Dazu
   bin ich entschlossen und Du hoffentlich auch. Herzlichst von Haus zu
   Haus, Dein Gerhart Hauptmann.« (Ebenda – Erstveröffentlichung)
   Der »schwere historische Augenblick«, von dem Hauptmann sprach,
   war der Zusammenbruch der DANAT-Banken (Darmstädter- und
   Nationalbank), der eine neue Notverordnung der Reichsregierung
   zur Folge hatte.
46 Vgl. Bernhard Reich: Im Wettlauf mit der Zeit, a. a. O., S. 234
47 Carl Zuckmayer: Als wär's ein Stück von mir, Frankfurt a. M. 1977,
   S. 334
48 Vgl. Tilla Durieux: Meine ersten neunzig Jahre, Berlin 1980, S. 68
49 Hugo von Hofmannsthal: Das Salzburger Große Welttheater, Leipzig 1922, S. 51
50 Konstantin S. Stanislawski: Briefe. Hrsg. Heinz Hellmich, Berlin
   1975, S. 659ff.
51 Arnolt Bronnen in: Berliner Lokalanzeiger, 8. April 1935
52 Max Reinhardt: Schriften, a. a. O., S. 223, 224
53 Zit. nach: Christoph Funke/Dieter Kranz: Wolfgang Langhoff.
   Schauspieler, Regisseur, Intendant, Berlin 1969, S. 33

Zehn Jahre unter Heinz Hilpert

1 Nachlaß Heinz Hilpert, Akademie der Künste Berlin (West)
2 Kurt Seeger: Das Deutsche Theater von 1934–1944. Die Ära Hilpert.
  (5 Seiten Maschinenmanuskript) Dazu: Rede anläßlich des 75. Ge-
  burtstages von Heinz Hilpert und der Verleihung der Ehrenmitglied-
  schaft des Deutschen Theaters (1965)

3 Ebenda

4 Das Grabbe-Stück von Johst »Der Einsame« ist 1917 entstanden, »Der Große Kurfürst« von Rehberg kam 1934 heraus, Dühnens »Uta von Naumburg« wurde 1934 in Gera uraufgeführt

5 Kurt Seeger: Das Deutsche Theater, a. a. O.

6 Hans-Geert Falkenberg: Heinz Hilpert — Das Ende einer Epoche, Göttingen 1968, S. 13

7 Rudolf Wagner-Regeny/Caspar Neher: Begegnungen, Henschelverlag, Berlin 1968, S. 107

8 Zit. nach: Sonntag, Kulturpolitische Wochenzeitung, Berlin 15. Oktober 1956

Quasi Epilog

1 Zu diesen vier Schauspieler-Porträts ist zu vermerken: Lediglich Friedrich Haase war, wenn auch nur kurze Zeit, unter L'Arronge Mitglied des Deutschen Theaters. Heinrich Anschütz war am Wiener Burgtheater engagiert, Ludwig Devrient und Theodor Döring spielten, wenn auch zu unterschiedlichen Zeiten, im Königlichen Schauspielhaus am Gendarmenmarkt. Entweder gastierten diese Künstler auch im Deutschen Theater, oder den Schöpfern der Porträts kam es darauf an, hier allgemein bedeutende Künstler der deutschen Bühne jener Zeit vorzuzeigen. Die Baugeschichte des Hauses gibt darüber keinerlei Aufschluß.

Benutzte und zitierte Literatur

Adler, Gusti: Max Reinhardt. Sein Leben, Salzburg 1964
Alberti, Conrad: Herr L'Arronge und das Deutsche Theater. Drei Briefe
   an eine Freundin, Leipzig 1884
Akademie der Künste Berlin (West): Nachlaß Heinz Hilpert
Antoine, André: Meine Erinnerungen an das Théâtre-Libre. Mit einem
   Nachwort von Hugo Fetting, Berlin 1960
Archiv Deutsches Theater Berlin

Bab, Julius: Das Theater der Gegenwart. Geschichte der dramatischen
   Bühne seit 1870, Leipzig 1928
Ders.: Schauspieler und Schauspielkunst, Berlin 1926
Barnay, Ludwig: Erinnerungen, Hrsg. Joachim Tenschert, Berlin 1953
Bergmann, Ernst: Der Fall Reinhardt oder der künstlerische Bankerott
   des Deutschen Theaters zu Berlin. Eine kritische Studie, (Eigenverlag)
   Berlin 1906
Bernauer, Rudolf: Das Theater meines Lebens, Berlin 1955
Bie, Oskar: Vorwort zu der Bildserie »Die Ballette des Deutschen Thea-
   ters zu Berlin« von Ernst Stern, Berlin 1918
Brahm, Otto: Theater, Dramatiker, Schauspieler. Auswahl und Nach-
   wort Hugo Fetting, Berlin 1961
Brandes, Georg: Henrik Ibsen, Berlin o. J.
Braulich, Heinrich: Max Reinhardt. Theater zwischen Traum und Wirk-
   lichkeit, Berlin 1969

Deutsches Theater (Hrsg.): 70 Jahre Deutsches Theater, 1883—1953. Mit
   Beiträgen von Herbert Jhering, Heinar Kipphardt, Friedrich Wolf, Ar-
   nold Zweig, Louis Fürnberg, Gertrud Eysoldt, Eduard von Winterstein
   (Berlin 1953)
Deutsches Theater. Bericht über 10 Jahre, Berlin 1957
Devrient, Eduard: Geschichte der deutschen Schauspielkunst. Neu bear-
   beitet und bis in die Gegenwart fortgeführt von Willy Stuhlfeld, Berlin
   1929
Durieux, Tilla: Meine ersten neunzig Jahre, Berlin 1980

Eloesser, Arthur: Das Theater in Berlin, Stuttgart 1906
Epstein, Max: Max Reinhardt, Berlin 1918

Falkenberg, Hans-Geert: Heinz Hilpert. Das Ende einer Epoche, Göttingen 1968

Fiedler, Leonhardt M.: Max Reinhardt in Selbstzeugnissen und Bilddokumenten, Reinbeck bei Hamburg 1975

Fontane, Theodor: Schriften zur Literatur, Berlin 1960

Friedmann, Siegwart: Vertrauliche Theaterbriefe, Berlin 1909

Hart, Julius u. Heinrich: Kritische Waffengänge, Berlin 1892/94

Hauptmann, Gerhart: Centenar-Ausgabe, Berlin (West) 1962ff.

Ders.: Das Abenteuer meiner Jugend / Zweites Viertel-Jahrhundert, Berlin 1980

Ders.: Die Kunst des Dramas. Hrsg. Martin Machatzke, Berlin/Frankfurt a. M. 1963

Ders: Ährenlese, Berlin (West) 1964

Henze, Werner: Otto Brahm und das Deutsche Theater in Berlin, Diss. Phil. Berlin1930

Hilpert, Heinz: Liebe zum Theater, Berlin 1967

Ders.: Formen des Theaters. Reden und Aufsätze, Wien/Leipzig 1944

Hilscher, Eberhard: Gerhart Hauptmann, Berlin 1979

Hirschfeld, Georg (Hrsg.): Otto Brahm. Briefe und Erinnerungen, Berlin 1925

Hofmannsthal, Hugo von: Das Salzburger Große Welttheater, Leipzig 1922

Holl, Karl: Geschichte des deutschen Lustspiels, Leipzig 1923

Horch, Franz: Die Spielpläne Max Reinhardts 1905–1930, München 1930

Hülsen, Hans von: Gerhart Hauptmann, Leipzig 1927 (RUB 6811-13)

Huesmann, Heinrich: Max Reinhardts Berliner Theaterbauten, Frankfurt a. M. 1974

Jacobs, Monty: Deutsche Schauspielkunst. Zeugnisse zur Bühnengeschichte klassischer Rollen, Hrsg. Eva Stahl, Berlin 1954

Jacobsohn, Siegfried: Max Reinhardt, Berlin 1910

Ders.: Das Theater der Reichshauptstadt, München 1904

Jhering, Herbert: Von Reinhardt bis Brecht. Vier Jahrzehnte Theater und Film, 3 Bände, Berlin 1958/59/61

Ders.: Von Josef Kainz bis Paula Wessely. Schauspieler gestern und heute, Heidelberg/Berlin/Leipzig 1942

Ders. (Hrsg.): Theaterstadt Berlin. Ein Almanach, Berlin 1948

Ders. (Hrsg.): Theater der Welt. Ein Almanach, Berlin 1949

Jhering, Herbert/Wisten, Eva: Eduard von Winterstein, Berlin 1961

Kahane, Arthur: Tagebuch des Dramaturgen, Berlin 1928

Kastan, J.: Berlin, wie es war, Berlin 1919

Kaun, Axel (Hrsg.): Berliner Theater-Almanach 1942, Berlin

Keller, Gottfried: Briefe, Hrsg. Peter Goldammer, Berlin/Weimar 1967

Kerr, Alfred: Die Welt im Drama, 5 Bände, Berlin 1917

Ders.: Sätze meines Lebens. Reisen, Kunst und Politik, Hrsg. Helga Bemmann, Berlin 1978

Ders.: Mit Schleuder und Harfe. Theaterkritiken aus drei Jahrzehnten, Hrsg. Hugo Fetting, Berlin 1981

Kiaulehn, Walther: Berlin. Schicksal einer Weltstadt, München 1958

Krieger, Peter: Edvard Munch. Der Lebensfries für Max Reinhardts Kammerspiele. Katalog zur gleichnamigen Ausstellung in der Nationalgalerie Berlin (West), Staatliche Museen Preußischer Kulturbesitz, 24. 2. bis 16. 4. 1978

Kuhn, Dorothea: Hermann Sudermann. Porträt und Selbstporträt, Marbacher Magazin 10/1978 (Katalog zur Sudermann-Ausstellung)

Landau, J.: Berlin unter dem Scheinwerfer, Berlin 1924

Lange, Annemarie: Berlin zur Zeit Bebels und Bismarcks. Zwischen Reichsgründung und Jahrhundertwende, Berlin 1976

Dies.: Das Wilhelminische Berlin. Zwischen Jahrhundertwende und Novemberrevolution, Berlin 1976

L'Arronge, Adolph: Deutsches Theater und Deutsche Schauspielkunst, Berlin 1896

L'Arronge, Gerhart: Das Löwenhaupt von Berlin, Schreibmaschinen-Manuskript (Standort: Märkisches Museum Berlin)

Legband, Paul (Hrsg.): Das Deutsche Theater in Berlin, München 1909

Lessing, G. E.: Hamburgische Dramaturgie. In: Gesammelte Werke, Bd. 6, Berlin 1954

Lexikon des Judentums, Gütersloh 1967

Lindau, Paul: Nur Erinnerungen, Stuttgart 1916

Maas, Lieselotte: Das Friedrich-Wilhelmstädtische Theater in Berlin unter der Direktion von Friedrich Wilhelm Deichmann in der Zeit zwischen 1848 und 1860, Diss. Phil. Berlin (West) 1965

Mahler, Gustav: Briefe, Hrsg. Alma Mahler, Wien 1924

Mann, Heinrich: Schlaraffenland. Ein Roman unter feinen Leuten, Berlin 1962

Mann, Thomas: Gesammelte Werke, Bd. 12 (Altes und Neues), Berlin 1956

Martersteig, Max: Das deutsche Theater im 19. Jahrhundert. Eine kulturgeschichtliche Darstellung, Berlin 1924

Max Reinhardt. Sein Theater in Bildern, Hrsg. Max-Reinhardt-Forschungsstätte Salzburg. Mit einem Essay von Siegfried Melchinger, Velbert b. Hannover 1968

Max Reinhardt und Shakespeare. Ausstellung der Deutschen Akademie der Künste zu Berlin 1968. Wiss. Ltg. Hugo Fetting

Mehring, Franz: Aufsätze zur deutschen Literaturgeschichte, Leipzig 1972

Mensch, E.: Konversations-Lexikon der Theater-Litteratur. Praktisches Hand- und Nachschlagebuch, Stuttgart 1897

Niessen, Carl: Max Reinhardt und seine Bühnenbildner, Köln 1958

Pechstein, Max: Erinnerungen, Wiesbaden 1960

Pohl, Max: Vierzig Jahre Rampenlicht, Berlin 1919

Raeck, Kurt: Das Deutsche Theater zu Berlin unter der Direktion Adolph L'Arronges 1883—94, Diss. Phil. Berlin 1928. In: Mitteilungen des Vereins für Geschichte Berlins, 45. Jg., H 1/1928 (Erschienen auch als Broschüre im Verlag des Vereins für die Geschichte Berlins.)

Reich, Bernhard: Im Wettlauf mit der Zeit. Erinnerungen aus fünf Jahrzehnten deutscher Theatergeschichte, Berlin 1970

Reinhardt, Gottfried: Der Liebhaber, München/Zürich 1973

Reinhardt, Max: Schriften. Briefe, Reden, Aufsätze, Interviews, Gespräche, Auszüge aus Regiebüchern, Hrsg. Hugo Fetting, Berlin 1974

Requardt, Walter/Machatzke, Martin: Gerhart Hauptmann und Erkner, Berlin (West), 1980

Sayler, O. M.: Max Reinhardt and His Theatre, New York 1968

Schiller, Friedrich: Schillers Werke, Nationalausgabe, 20. Band, Philosophische Schriften, Weimar 1962

Schirmag, Heinz: Albert Lortzing. Ein Lebens- und Zeitbild, Berlin 1982

Schleich, Ludwig: Besonnte Vergangenheit, Leipzig 1977

Schlenther, Paul: Gerhart Hauptmann, Berlin 1898

Ders.: Kritische Schriften, 2 Bände, Berlin 1913

Schneidereit, Otto: Berlin, wie es weint und lacht, Berlin 1968

Schöne, Günter: Tausend Jahre deutsches Theater, München 1962

Seeger, Kurt: Das Deutsche Theater von 1934 bis 1944. Die Ära Hilpert (Schreibmaschinen-Manuskript, Archiv Deutsches Theater)

Springer, Robert: Berlins Straßen, Kneipen und Clubs, Berlin 1850

Staatsarchiv der DDR/Potsdam

Staatsbibliothek Berlin (West): Gerhart-Hauptmann-Abteilung

Stanislawski, Konstantin S.: Briefe 1886—1938, Hrsg. Heinz Hellmich, Berlin 1975

Stern, Ernst: Bühnenbildner bei Max Reinhardt, Berlin 1955

Stern, Ernst/Herald, Heinz (Hrsg.): Reinhardt und seine Bühne, Berlin 1918

Thimig-Reinhardt, Helene: Wie Max Reinhardt lebte, Percha 1973

Thomas, Emil: Vierzig Jahre Schauspieler, Berlin 1895

Turszinsky, Walter: Adolph L'Arronge zum 70. Geburtstag. In: Bühne und Welt, Berlin 1907/08

Voigt, Hermann: Die Straßennamen Berlins, Berlin 1885

Wahnrau, Gerhard: Berlin, Stadt der Theater. Der Chronik I. Teil, Berlin 1957

Walther, Gerhard: Das Berliner Theater in der Berliner Tagespresse 1848—1874, Berlin (West) 1968

Weddigen, Otto: Geschichte der Theater Deutschlands. 2 Bände, Berlin 1904

Zeller, Bernhard: Gerhart Hauptmann, Leben und Werke. Katalog des Deutschen Literaturarchivs Marbach a. N., 1962

Zielske, Harald: Deutsche Theaterbauten bis zum zweiten Weltkrieg, Berlin (West) 1971

Dazu die Periodika »Bühne und Welt« — »Die Szene« — »Dramaturgische Blätter« — »Theater der Zeit« — »Blätter des Deutschen Theaters — »Das junge Deutschland« — »Die Bühne« — »Schaubühne« — »Weltbühne« — »Das Tagebuch« — »Die Fackel « — »Literarische Welt« — »Sonntag« — »Neue Museumskunde« — Kataloge von Theater-Ausstellungen — Programmhefte — Tagespresse

Dank zu sagen hat der Autor einer Reihe von Persönlichkeiten und Institutionen, die seine Arbeit, sei es durch nützliche Hinweise oder durch die Bereitstellung von bis heute nicht bekannten Materialien, hilfreich unterstützten. Er bedankt sich an erster Stelle bei der Archivarin des Deutschen Theaters, Frau Rita Engels, die zur Erschließung originären Quellenmaterials beitrug und damit einen wesentlichen Anteil am Zustandekommen dieses Buches für sich beanspruchen kann. In gleicher Weise gilt sein Dank dem Hauptmann-Forscher Herrn Dr. Gustav Erdmann, Direktor der Gerhart-Hauptmann-Gedenkstätte in Erkner, wie auch den Mitarbeitern des Henschelverlages, Herrn Manfred Nöbel und Frau Liese-Lotte Schenk. In Dankbarkeit sei Frau Maria Matray in München gegrüßt, die, gleich Herrn Professor Dr. Leonhard Fiedler, Frankfurt/M., ihr placet für die Ausführungen über das Reinhardtsche Tanztheater erteilte. Herrn Rudolf Ziesche von der Hauptmann-Abteilung der Staatsbibliothek Berlin (West) schuldet er ebenso Dank wie Herrn Professor Dr. Walter Huder von der Akademie der Künste Berlin (West). Dem Theatermuseum München (Clara-Ziegler-Stiftung) gebührt sein Dank in gleicher Weise wie dem Staatsarchiv der DDR in Potsdam und seiner früheren Arbeitsstätte, dem Märkischen Museum zu Berlin.

Der Autor

Namenregister

(Die kursiven Ziffern beziehen sich auf die Abbildungen.)

Fotonachweis:

Pisarek (3); Märkisches Museum (28); Archiv Deutsches Theater (7); ADN-ZB/Archiv (5); Akademie der Künste der DDR, Abteilung Deutsche Theatergeschichte (2); Willi Saeger (16); Ingrid Handel (1); Archiv Henschelverlag (6); Archiv Manfred Nöbel (45); Archiv Alfred Dreifuss (16).

ISBN 3-362-00109-2

Zweite Auflage
Lizenz-Nr. 414.235/8/87 · LSV-Nr. 8401
Gestaltung: Kuno Lomas
Printed in the German Democratic Republic
Lichtsatz: Karl-Marx-Werk Pößneck V 15/30
Druck und buchbinderische Verarbeitung:
Interdruck Graphischer Großbetrieb Leipzig
625 326 5